関口 尚貴

文芸社

出口　汪先生の本書に対するご厚意に感謝いたします。

Walking The Fine Line Between Sense & Wisdom

~ Remarks On Grammer Education

For Teachers & Students

佑啓完人《ゆうけいかんと》による序文

本書『文法教育論考』はこのようなタイトルですが、ただ単に教育を論じたり、文法を解説している著作ではありません。ではサブタイトルに『哲学的言語入門』とあるから言語哲学や論理学に関するものかというとそうでもありません。筆者は冒頭「標的」の項にて、基本とはいつも繰り返す行動そのものを指すのであって決して知識そのものではないというような意味のことを述べていますが、本書はまさに言語（学校でいうところの、現代国語・古典・英語などの科目）に対する基本姿勢を確立するための実践の書と言えるでしょう。考える者として行動し、行動する者として考える。そのために使うことばを「有効な言語」（以下「　」内は本書からの引用）にしようというのが本書のメインテーマです。

もちろん教育や文法についての言及もなされています。が、むしろ本書では、それらについて自分の頭で考えて行動する、その時頭の中で使う言語を「己れの現実の生に直結する」有効なものにしていく、そのことの方に比重がおかれています。実際、「論考」本文の特異なスタイルは読者に徹底的に思考することを要求しています。ある意味、読者に不親切なこのスタイルは、自分で行間（断章間？）を埋めさせることによって、文法をはじめとする「他者の言語に依存する」思考から脱却させることを目論んでいるようです。自分のことばで考える妨げのひとつとして文法が語られていますが、〝文法について考える〟というよりは、文法を素材《ネタ》にして〝考えるについて考える〟ことをねらっているとも言えるでしょう。

その特異なスタイルゆえに「論考」本文の読解はスリリングな冒険となるでしょうが、一方でその道のりは少々こみ入っています。ですから、以下、少しでもスムーズに読んでもらうために、いささかの案内をつづってみました。

「論考」本文は番号のついた短い断章の集積という形をとっています。番号のつけられ方は「凡例」を参照して下さい。ここでは、断章を前から直線的に見ていく普通の読みでも構わないけれども、やはり番号を意識して重層的に読むことをお薦めしておきます。

本文の内容は大きく六つに分かれます。まずは、そもそもなぜ文法を教師は教え、学生は学ぶのかということについて。一般的に「言語学習に必要」だから、または「入試対策」

として理由づけされることが多いのですが、本書ではそれ以前の問題として、文法の有効度とは別に教える側・教わる側双方に文法を求める心理的要因があることを述べています。そのうえで、先の二つの理由が「錯覚」であることを、それぞれ2番台、3番台の断章で述べています。特に2番台は重要です。ここで文法の正体が示され、解体、いや根底から文法体系が破壊されています。そこで文法用語は解消され、新たにシンプルな認識方法が提示されています。もし、ここで各文法事項について詳述されていれば説得力も増し、それだけで十分に一冊の本となったでしょう。しかし、もっと大事なことがあるのだと言わんばかりに考察は先へとすすみます。

3番台までの「論考」前半部分で注意しておきたいことがあります。本書は安易に文法を批判しているのではなく、本来あるべき位置に戻して考えようと提案しているのです。だから文法でも、使えるものは使おうとしています。そうやって見ると、文法という認識方法も少しは役に立つところがあります（そのひとつが論理に関することで、5番台にて述べられています）。もうひとつ注意したいことは、ここで示されている見解が真実であり、唯一正しいものの見方であるとは言っていないということです。あくまで自分のことばで思考することのひとつのサンプルとして提示されており、読者は言語や文法に対しての自分なりの姿勢を自分で確立せよと呼びかけられています。そうしたうえで教師も学生もみなが現実に文法と接していかねばなりません。その心構えが1．1〜1．33の各断章で述べられています。特に1．24は重要でしょう。確かに、教育制度やそれをとりまく風土・社会的背景には様々な問題があり、それらを多くの人が批判しています。しかし、どれだけ批判されようとも、その批判がどれだけ的確であってもそれら論者が当事者として今すぐ改善してくれるわけではありません。たとえそうであったにせよ、改善されるまでの間「教える者」たちも「教わる者」たちも各々「今ある現実の生」を生きねばならないのです。個々人の「生」のありさま（性格・能力・容姿・健康状態・家庭環境など）はみな違うわけですから、各々が与えられた条件下で現実問題として答えを考えないといけないのです。そしてそのためにも個々人が言語に対する鋭敏な「感覚」を養わねばなりません。本書では言葉に宿るものとしての「感覚」が重要なキーワードとなっております。

後半では、言語学習において文法というものが必要であるとみなが思う根本要因が二つ、それぞれ4番台と6番台の断章で述べられています。4番台で述べられている言語論が実は本書のハイライトと言えるのではないでしょうか。そこでは語の意味というものの捉え方のまずさが、文法という言語にとって二次的なものを、ひいては言語教育全体の歪みをもたらしているのではないかと指摘されています。単語帳による語の意味の暗記がその最たるもので、それをはじめとする様々な歪みを解消すべく、多くの重要な示唆が4番台には見られます。例えば、語の意味はひとつであるとか、意味はことばで語り得ないものであるとか、意味と訳は別物であるといった指摘です。これらが根本思想と称する断章4.45へとつながります。本書には2.21、6.52を加えて三つの根本思想がありますが、この4.45と6.52には本書を生むことになった動機なのであろう筆者の思いが表現されています。その最後の根本思想を経て最終断章へと至る6番台の内容は紹介を控えておきましょう。このエキサイティングな登攀の結末は直にその目で確かめて下さい。

本書はそう長い作品ではありませんが、様々な側面を有する薄くて重い本とまとめられるのではないでしょうか。6-5.3番台にあるノートのつけ方のようなかなり細かい技術が述べられている一方で処世術のようなものも述べられている。また警句的な響きをもつ文言や音読を薦めたくなるようなフレーズも随処に見られます（筆者自身は、音読という手段に酔う危険性を指摘していますが～4.4213及び6.15）。見方によってはあまりにたくさんの話題を細切れに入れているために著作全体の統一性に欠けているとも言えます。しかしそれでもなお、この章では本書のテーマをこう括っておきたい。「直接」「現実」「感覚」「思考」「因果」「有効な言語」といったキーワードを軸に生きるということを真剣に考えた作品であると。生きるために、「生」の礎としての言語をもって、今自分がさらされている問題、だが自分も含めたみなが気づかない問題を認識する。その意味で本書は本当の哲学がなされている実践の書といえるのではないでしょうか。

平成十六年二月十三日の金曜日（でも大安）

麻谷祐子による序文

「言語とは感覚記号である」という言葉を聞いた時、衝撃が走った。言語が記号である、ということを今までに聞いた事がなかったのだ。この言葉を聞いたものの、やはり言語イコール記号、という意味を明確に理解できず、やみくもに受験勉強を続けていたが、今ではその意味を理解できるようになった。言語とは感覚記号なのだ。

私は国語が好きではなかった。文章の中に散りばめられた評論用語、語彙、読めそうもない漢字……それらと格闘するだけでも精一杯だった。授業で先生が単語の意味を教えてくれる。しかし辞書から引っぱってきたものを述べるだけ。これではどうも頭に入りにくい。少なくとも、私がそうだった。

筆者はこうも言っている。単語の丸暗記をする必要はない、と。ある単語の意味を説明する時、その単語がどういう漢字から成り立っていて、その漢字が本来持つ意味は何なのか、これらを理解して初めてその単語の意味を理解した、と言える。学校の授業ではこの過程が省略される。だから単語が定着しにくいのだ。

enthusiasmという単語を見てもらいたい。この単語は「熱狂」という意味なのだが、これを覚えろと言われても、bookやpencilのような単語を覚えるのとはわけが違う。しかしこの単語がどういう意味から成り立っているのか、ということを知ることによって、覚える作業は一変する。

enthusiasmはenとtheosが組み合わさってできた単語である。enは心の中に、theosは神という意味を持つ。ここで想像してみてもらいたい。心の中に神がとりついた状態とは一体どういう状態なのか？　すると、何かがとりついて我をも忘れるほど興奮している状態、つまり熱狂、と導き出せるのではないだろうか？　これはまさに記号と同じであり、組み合わせしだいで様々な単語に対応できる。

言語を記号として捉える事は決して難しいことではない。私達は言葉の本来持つ意味を知る機会を失っているだけである。もしも学校教育で単語を感覚記号として捉えさせるような授業を実施していたとしたら、受験生を含め、私達が単語を単語として覚える、という意味での格闘をすることはなかったのかもしれない。

ところで、アフォリズムという言葉を聞いたことがあるだろうか？

【アフォリズム――奇抜な着想で、人生の真理を短い形で表現した言葉――】

レモンがビタミンCの宝庫ならば、この本はアフォリズムの宝庫である、というのがこの本を読んだ時の感想の一つである。この本に書かれたアフォリズムは全部で372個ある。例を挙げてみよう。

4－8．3　その語の意味そのものを理解していても、文脈などとフィットしているという感覚がなければ、我々はその語の意味するところを理解しえない。

これは学生の私達でも身近に感じるだろう。例えば数学の問題や英文法の問題を人に教える時、頭の中では分かっているのに、上手く説明できないことがある。一方、人が分かるように教えることができた時、自分も本当にその問題を理解していたのだ、と感じたことはないだろうか？　公式や参考書を眺めているだけでは目でなぞったということにすぎない。学んだものを自分の言葉でもう一度説明する、このことができて初めて真の理解へと繋がるのである。大切なのは自分の頭で考えていることと、自分の言葉とのフィット感なのである。

この本を読んで、番号・記号が付されている372本の矢のどれか1本でもあなたの心に突き刺さったならば、ぜひ声に出して読んでもらいたい（実際声に出して読むことを意識してこれらの文章は書かれていると聞いている）。そしてそれがあなたにとってのアフォリズムになれば幸いである。

最後に、『文法教育論考』という本は、私達学生が読んで理解するには難しい。しかし、例え全てを理解することができなくても、この本を読んで文法や言語について考えることができたのならば、私達が得るものは大きいのではないだろうか？

四月、長いようで短かった高校生活を終え、私は晴れて大学へ進学した。受験勉強の間、様々な単語や熟語を覚えた。言語を感覚記号として捉えることを意識しつつも、捉えにくいものは語呂合わせに頼った。この本の６．１５及び、６．１５１で、筆者は「語呂合わせは有効な言語ではない」と述べているのだが、受験を意識するとなると、覚える作業を縮小してしまうのはしょうがない。多くの知識を短時間に詰め込まなければならない受験生にとって、語呂合わせはメシアのようなものだからである。

ただ、語呂合わせを作る時、覚えることだけを目的とする語呂合わせを作るのではなく、できるだけその単語なり熟語が本来持つ意味に沿って作ってもらいたい。本来持つ意味を理解することなしに、その単語や熟語を本当に理解することはできないのである。語呂合わせが有効な言語ではない、と言うのならば、自分の手で有効なものにすればいい。難しいからといってさじを投げてはいけない。「考える」ことが大切なのである。これを期にもう一度言語について考えてみてはどうだろうか?

二〇〇四年二月二十九日

凡例

一、本書では「論考」がその本文にあたり「標的」「弁解」がそれぞれ序文と跋文に相当する。「細則」は高校生が学ぶ古典文法についての若干の補足である。

一、論考本文は短い断章の集積により成り立っている。各断章には番号及び記号が付されている。最初と最後の断章であるΣと∞の間には、六つの一桁の番号をもつ断章がある。読者にはそれらを「山の頂き」と見てもらいたい。各々の「頂き」までに至る断章には『〇－〇』といった具合に番号に『－』が付されている。これは「上り」を意味する。『〇－7』『〇－8』といった断章は「七合目」「八合目」といった感じである。また、小数点以下の数をもった番号は、より大きな桁をもった断章に対する詳述・注釈や、同じ桁数をもつ断章への流れを示す。『3．1』『3．2』『3．3』は『3』の、『3．31』『3．32』『3．33』は『3．3』の、それぞれの詳述・注釈を示し、1、2、3、といった数字が文脈の流れを示している。なお、桁数と断章の重要度は必ずしも一致しない。

一、主な読者の対象は、高校・塾・予備校にて言語科目を教える者・教わる者の双方、及び教育系の大学生である。

一、ここで言及されている事柄は特に明記しない限り、全ての言語科目——英語・古文・現代国語・小論文・漢文——が念頭に置かれている。

一、文法や論理については、あくまで教育現場で語られているものを対象としている。

一、読者が高校生なら、みなさんには飛ばし読みすることをお薦めする。無理に全てを理解する必要はない。

一、本書は参考書でも評論でもない。よって論証・例証は最小限にとどめてある。

一、では、本書は何なのかというと、ひとつの「芸」を披露したものである。そのつもりで読まなければ、本書の意義を見誤ることになろう。

目次

標的

基本とは、いついかなる場合でも繰り返す行為そのものを指す。いつも同じだから、別の手を使う応用の時を知る。思考がどんな感覚も見落とさないよう気遣いさえすれば、基本は応用と常に手を携え、その身についてくる。

英語や古文を教える者たち、教わる者たちは、言語科目の基本は文法であるという。大学受験という季節だけが、彼らを駆り立てているわけではあるまい。なぜなら、思考の巡りは四季への感性が現実を捉えるのを待てないからだ。

確かに文法は言語の美しさを示してくれる。ひとつひとつのことばが、道具といった軽々しいものではないということを。ことばとは重いものだ。もし鳥がことばをもっていたら、空を舞うことはなかったであろう。

では何によって、ことばは重みをもつのか。今ある現実の生《せい》に直結する己れの感覚によって。ことばの意味とは意識された知覚そのものなのだ。

であるからこそ、人はことばに依りて思考し、判断することができる。己れの生をそこに賭けるのだから。己れを裏切るかもしれぬことばをもって自身の生を考えるわけにはいかない。

言語を学ぶ基本はまさにその点にあろう。もし己れの感覚と乖離するところで言語を学び、その言語に依って思考すれば、いかなることになろうか。英語や古文は窓の外の他言語であるが、その空気は確実に、窓の内の母国語という室温に影響を与える。

己れの生の感覚と乖離した言語。それは権威をもった他者の甘言。文法や単語帳の丸暗記といった皮相なわかりやすさをもつような。それをそのまま受け入れた時、他者の言語について考える己れの言語を失う。人は信じやすき者を信じることによって、その魂を死に追いやる。

このことは教育現場だけに留まる問題ではない。ビジネス・政治・家庭、この国のあらゆるところに立ち込める灰色の雲といえよう。どうやら、貧しき国語力・語学力を向上させるための様々な提言は、この雲を払う力のない瑣末な制度・技術論、いわば頬を撫でる微風ほどでしかないようだ。

もしあなたが、いま己れの行っていることに違和感を覚えるのなら、肉体が魂に今こそ意志する時であると呼びかけているのだろう。その時必ず、自身の頭のみで考え、歩まねばなるまい。なぜなら、国語力・言語教育の諸問題について、どのような因果が挙げられようとも、つまるところ、システィマティックな文法の権威とデジタルな語意の誘惑に屈した、教える者・教わる者の怠惰が、免れることのできない、直接的で決定的な要因だからだ。

ジョン・ロックの古《いにしえ》より、文法教育は疑惑の的であった。もしその教育手法が自身の頭で考えることの妨げとなっているのなら、今度こそ、永遠に、余すところなく、徹底的に、文法の息の根を止めなければならない。

本書には、はっきりとした色がある。読者がその色を美しいと感じてくれるのなら、その価値は道そのものを示したことではなく、道を選ぶことを示した点にあろう。その衝動が、自身の判断力を信じる勇気となることを望んでいる。

我々が歩めるのは、地図にある多くの道の、そのほんのわずかでしかない。

論考

モットー
廓然無聖《かくねんむしょう》
達摩《だるま》

Σ 言語認識としての文法は思考から抹殺しなければならない。

1－1 文法を教える動機はその必要性とは一致しない。

1－1．1 人は利によって動く。文法を語ることは教わる者とは無関係に、教える者の個的な利に直結する。

1－1．11 ことばは、その字義のみを伝えているのではない。一体、ことばのどこに、その意図はあるのだろうか。それは時に明示され、時に隠される。

1－1．2 各言語は自然言語である。文法は人工言語である。

1－1．21 ことばは世界の提示を意図する。世界は感覚に始まり、感情、思考や視点、それらによって捉えられた事実・事物の総体である。

1-1．22　世界に関わる知は動的となる。

1-2　演繹や発見が他の科学ほど存在しない文法は、知として固定的である。

1-2．1　教える者が去年と同じノートを語るといったことを繰り返すのは、ひとつの必然である。

1-2．2　動的なものを語るには、己れが動的でなければ語り得ない。

1-2．21　動的な世界を語るには、広汎な教養、強靱な思考、豊かな感性を維持しようとせねばなるまい。それは多くの教える者にとって面倒なことである。

1-3　教える者の教養の露呈を避ける最も強力な方法、それが文法を口にすることである。

1－3．01　仮に英語などの教科が、文法を含む言語そのものを教えるものなら、訳出・作文といった文意の把握・表出作業はひとつの前提となる。だが、教育現場で行われていることの中心は、まさにその前提作業である。

1－3．011　ことばは記号である。他の何であり得よう。記号そのものを知ることが、その意味する世界を知ることと等価であるというのは、ひとつの錯覚である。

1－3．012　ことばという記号が意味するところのものは別のことばではない。

1－3．02　ことばはその意味する世界を見せてくれる。我々は覗かねばなるまい。だが、その向こうにある広大なコスモスを見るのに、望遠鏡のしくみをそんなにも知っておかなければならないものなのだろうか。

1－3．1　文法は、訳出・作文における説明の根拠として用いられている。

1-3. 11 各々の語の意味は、訳出・作文における自明の知と見なされている。辞書や単語帳を見れば事足れり、という考えである。

1-3. 12 文法的説明を支える語の意味、または文法によって確定する語の意味、それらはデジタルなものにする必要がある。論理を支える記号の意味は確固としたものでないといけないから。では、何によってデジタルの目盛りは示され得るのか。

1-3. 2 文法は、決してデジタルには示し得ない、ことばの意味そのものと、それを通じて見える世界を語らせる暇を与えない。

1-3. 21 "Jap."は、ただの"Japanese"の短縮形ではない。"Jap."に独特の意味を与えているのは、ことばという記号そのものでも文法でもない。

ことばの選択は世界への照明の当て方。映画解説者が、画面に映し出される世界だけを語っていては、役目を果たしたことにはなるまい。それがどんなに法《ルール》に則った論理的な解説であったとしても。

1－3．3　文法は、指導要領や大学入試対策といった大義名分の立てやすい体系的な時間潰しといえる。

1－4　教える者にとって、文法ほど説明するのが簡単なものはない。

1－4．1　言語は日常の中で用いるための簡便性を有する。だからこそ自然に発生した。その言語を対象とする以上、文法もまた複雑なものとはなり得ないはずである。

1－4．2　文法は、自然発生的な言語から論理的な整理が可能な部分を抽出し、文法用語と呼ばれる名を与えることで、その体系を構築した。

1－4．21　言語は自然発生したものであるがゆえに、その全てを論理的な体系の中へ整理するのは不可能である。

1-4.22　文法が複雑に見えるのは、全ての言語事象に名が与えられているからである。

1-4.23　ナ行変格活用や仮定法未来という用語に適合するものは、わずか数例。それでも名が与えられることで使用頻度とは無関係に体系に組み込まれ、他の用例と並置される。固定した表現でも、○○についての慣用表現、という言い回しで文法体系に入れることも容易。

1-4.24　まず体系ありきという発想は、体系自身を軽率なものにする。

1-4.3　教える者にとって文法は、言語をその向こうにある広大複雑な世界と切り離し、文法体系内の論理だけで説明可能なものにする。

1-4.31　論理を付与し難い用例については、説明放棄を正当化するセリフ、「丸暗記した方が早いよ」という切り札を教える者たちは有する。

1-4．4　文法を難しいと思う教わる側の根本要因は、文法と言語が不可分であるという誤った先入観である。

1-4．41　ことばに接する時、誰でも文脈を読んでいる。その文脈判断ということばが文法解説に頻繁に用いられていることは、却って文法と言語の距離を示している。

1-4．5　文法を難しいものにしている教える側の根本要因は、文法体系の論理的な基礎づけを行っていない点にある。これは、文法を訳出・作文を基礎づけるものと見ていることによる。“if”や“would”があれば仮定法の訳を機械的に当てはめることは教えても、なぜ、助動詞の、過去形の、“would”が仮定法なるものを表現するのか、それを教えることまでは思い至らない。よって教わる側は仮定法という概念の本質に肉迫することもない。

1-4．6　論理的な基礎づけを完璧に示したとしても、文法が言語の実体と一致しない箇所は多い。そのことを熟知する者は、各文法項目の説明にどれだけ都合の良い例文を並べ立てられるかが、教える者の真の腕の見せどころであることを心得ている。

1－5　文法体系は、その分量や明晰さゆえに、学生に提示するコストとしては最適である。

遠き道のりではあるが、歩むべき道がはっきりしている。そのような道に、人は説得力を感じ、救いを求める。

1－5．1　文法という項目を強調することが、ひとつの産業を生む。敬語や関係詞だけで一冊の受験参考書をものすことも可能となる。

1－6　壮大な文法体系はその明晰さゆえに、教える者に権威を付与する。

1－6．1　恋する者とならば、ことばの両義性や曖昧さはよく知られよう。完全には捉えきれないものを目のあたりにした時、人は確かなもの－明晰な体系－への憧れを抱く。文法の誘惑はそのような魂を揺り動かす。

1－7　文法は教わる者を誘惑する。文法は、教わる者がもつ明確な体系への憧れを満たしてくれる。

1－8　文法は何より教える者を誘惑する。文法の誘惑とは、ことばを生む苦しみからの解放である。

1－8．01　教えること・伝えることの難しさは、十分な知識をもつ難しさではない。また、表現能力や明確に言いきる勇気をもつことでもない。相手の感覚・思考・価値観を見切ったうえで、それに応じてことばを選ぶこと、難しさはただこの一点につきる。

1－8．1　文の解釈を説明する際、文法用語を多用する。そうすることで、文が示す世界や論理について己れのことばで語る労を省くことができる。

1－8．2　文法は既得権益である。教わる側の言語レベルを全く無視し、教える側に合わせるよう強要する。文法が言語に基づく体系であるがゆえに、そうすることも正当化される。

1－8．21　伝える相手や文章にある世界に応じてことばを生む、その生みの苦しみから逃れようとした時、人は己れのことばをも失う。誰も独り善がりの私的言語を押しつける権力をもたず、従って、権威ある他者の言語に頼らざるを得ないからである。

1－9　直接、世界を見るための己れのことばを失った時、文法は教える者・教わる者双方の魂がとりすがる権威となる。

1－9．01　文法はことばに対して一つの視点を与える。が、それは、ことばを通じて見える世界を直接見る視点ではない。

その視界には他者の感性は映し出されない。

1－9．02　文法は、生みの苦しみを味わった筆者の魂を亡きものにする。

1－9．1　文法のことばに縋って言語に接する時、教える者も教わる者も、そこに語学力との因果関係を見出だそうとする。文法学習の正当性を失うことの恐れが因果への強迫観念となる。

1－9．2　文法は、ことばを失った魂が、自分のやっていることに責任や不安を感じないようにするためのトリックである。

1－9．3　文法は、思考からの解放を望む魂が信奉する神であり、カリスマであり、ドグマであり、シキタリである。

1－9．31　魂は信じやすきものに魅せられる。だが、信じやすさが救いにつながると誰が言いきれよう。

1　文法教育がどれだけ批判されようともシステムとして存在し続けるのは、教える者に利をもたらし教わる者に一時の盲信へと酔わせる力を文法体系がもっているからである。様々な意味で文法は人を楽にする分野なのである。解釈や作文、また入試対策に役立つから文法が語られているのではないし、そのような因果関係も存在しない。

1.01　文法用語《ジャーゴン》を捨て思考する時、世界は自ずと示される。ことばがモノであることをやめる。ジャーゴンという特殊用語を意味する「特殊用語」こそ、文法信奉者《マニア》へ捧げるにふさわしい語であろう。

確かにジャーゴンは儀仗兵の所作のように美しいが、城を守る魂を失えばその美しさも損なわれてしまう。

1.1　教える者が学生の実力向上より、例えば、授業準備のコストを下げる、ポップな人気を獲得するといった己れの利を優先する明確な意図をもつなら、文法を口にしても問題はない。

人はそれぞれ己れの人生しか生きられない。

1.11 ビジネスであれ、ボランティアであれ、人の仕事は、動機よりも先に結果から評価されるものである。

1.12 善意によって示された文法という道が楽園へつながっていると誰が言いきれよう。正しさという確信に支配された魂は、物事には必ず二面性があるということを実感せず、陰に陽に他者へ自身の信ずる道を強いる。
己れのことばを失った魂には自己と他者の識別ができない。

1.13 善意や確信は真実と同意語ではない。

1.2 システムや他人に対する批判のことばは、己れにそれらを変える力のない限り、有効な言語ではない。

1.21　ある情報が不快なものであったとしても、発信者、受信者、その他誰にも責任はない。ただ偶然、ソリの合わないものに出合ったにすぎない。

1.22　人は誰かに何かを理解させることなどできない。理解のためのヒントを示すことしかできない。

1.23　理解とは、飲み込むということばの示すが如く、全く一人きりの体験である。誰も他人の代わりに満腹になることも排泄することもできない。

1.231　理解ということばすら本当に理解できないのは、言語に対して根本的な誤解をもっているからである。文法もそのうちのひとつ。その誤解は英語・古文・漢文の学習によって助長され、現代日本語への接し方とそれを用いた思考に、確実に影響を及ぼしている。

1.24　思考のための有効な言語は、全てを己れの責務として引き受ける時に立ち現れる。自身を車で轢いた者に全面的に非があろうとも、傷ついた体を請け負うのは己れ自身だと前もって心得る魂に思考は働きかける。

1.25　今ある現実の世界を直接的に感知するところから、己れにとっての有効な言語が生まれてくる。

1.3　文法はその性質ゆえに訳出・作文には不要である。が、その性質ゆえに有益な位置づけも存在する。
無批判な受容は思考の死である。が、安易な批判は何も生まない。
物事には必ず二面性がある。問題なのはそのどちらを取るかだ。

1.31　教わる者は、教える者とは無関係に、文法が実際どの程度の利をもたらすのかを量ることができる。

余計な解説なしに文章と全訳を見較べればよい。編集されたテキスト・問題集ではなく過去問に触れてみればよい。どちらの行為も教える者の意図・都合とは無関係に、直接、己れの求められる能力を示してくれよう。

能率という口実を、それだけでは鵜呑みにすることはできない。己れの感覚がその能率の必要性を求めているかどうかだ。

1.32 文法は論理である。文法の最大の恩恵は言語表現上の論理形式にもたらされる。

1.33 情報は伝える側に利があるから発信される。これを常識とするなら、発信者の意図とは無関係に、自身にとってその情報は有効であるかどうかを思考し得る。

1.4 そもそも文法を重要視する者は、文法の習得が、解釈や作文といった意味を形成する行為や、入試対策と関係をもつという情報を、有効であると認識しているのである。

それは彼らが文法そのものが目的ではないということを知っているということで

ある。

2－1　文法は言語の意味が成り立つ理由ではない。

2－1．1　以下のような文、「私の弟は一人っ子である」「塾を見る試験で課長になった」は、文法的に正しくとも語の整合性から無意味なものとなっている。

2－1．2　日本語に不慣れな人が「この味付けだった食べれるですと、私は彼をおっしゃった」と語っても、日本語を知る者なら、この文を文法的に正しく修正できる。語の整合性からある程度の意味は把握できる。

2－1．3　歌詞などの芸術的表現や日常会話では、文法から逸脱することばづかいであっても問題なく意味は伝わる。

2－2　語の整合性が言語の意味が成り立つ理由である。

2－2．1　教わる者が教える者に、この文はどのような意味ですかと尋ねるのは正しい。しかし、この文はなぜそのような意味になるのですかと尋ねるのは正しくない。

2－2．2　言語はそれ自身で語るものである。

2－2．3　文字には音がある。単語には意味がある。文には世界がある。では、ことばのどこに文法はある？　どこにもない。文法は言語の外にある。

2－3　文法は文法用語、それ自身である。

2－3．1　文法は、ことばが有意味に成り立っている様を、言語の外から整理・記述するためにつくられた「言語」である。

2－3．2　文法は言語の設計図ではない。「法」と名のってはいるが、言語に先立つもの、ゲームにおけるルールといったようなものではない。

文法は言語に対してひとつの視点を示している、いわば風景画だ。言語が発達した後から、言語そのものとは別のことば、つまり文法用語というジャーゴンを用いて観察し描いたものだ。

2－3．3 単語は同時に二つ以上発声できない。文字は二つ以上重ねて記述することもできない。つまり、語は配列せざるを得ない。一般的には、語の配列は文法の主軸と見なされ、多くの文法用語が割り当てられている。

2－4 語の配列は自然発生的なものとはいえ、一定の秩序がある。その秩序をここでは言語原則と呼ぶ。

2－4．1 例えば「AのB」という時に、A・Bどちらに「彼」「母」を入れるかで意味する世界は変わる。語の関係が変わったからだ。

世界は語の整合性と関係性によって初めて正確に示される。整合性は各語の意味に、関係性は語群の配列に、各々依存する。

2－4．2　ある語群が言語と認められる状態である時、そこに意味と配列が存在しないなどということはあり得ない。

言語原則は語の整合性とともに言語の意味が成り立つ理由である。よって言語原則は言語そのものである。

2－5　言語と不可分である言語原則は文法ではない。

2－5．1　文法とは文法用語によって言語を認識する行為そのものである。

言語原則はそのような文法による拘束を何ら受けないのは勿論のこと、ジャーゴンによる認識も必要としない。

言語原則は特別な知識がなくとも使える通常のことばによって認識される。

2－6　言語原則は、係るという行為及び中心要素の二つから成る。

2－6．1　ひとつの文を書くのに縦書き・横書きを同時に用いることや、発話するのに複数の文脈を同時に語ることなどできない。これは語群の配列が必ず一方向であることを示している。

つまり、あるひとつの語は既に発せられた語のどれか、もしくはこれから発せられる語のどれかと関係をもって配置されるということである。この関係がつくられることをここでは、係ると呼ぶ。

2－6．11　語Aが語Bに係るという場合、語Bの意味する世界が語Aによってより詳しく明確に語られていることになる。

2－6．12　連用修飾、限定、叙述、同格、目的語、補語などといった配列とそれによる語の役割に関する用語は、シンプルに係るという一語で片付く。あとは前後のどちらに係るかの違いだけである。

2－6．121　目的語と補語、現在分詞と動名詞、各不定詞の用法など、各々の違いは語の意味と整合性によって示される。直接、語の意味に触れるのなら、文法用語は余計である。手を伸ばせば掴めるものを探すのに双眼鏡は要らない。

2－6．122　どのような意味であるかが判明してから各語の役割に名が当てられる。結果的に補語などと呼ばれるのであり、その語が補語であるがゆえに他の何かが決定されるのではない。よって正しい訳出・作文ができるかどうかを訓練している者たちに、文法用語による認識は何の役にも立たない。

2－6．123　恐怖心が見せる幽霊の如く、前もって文法用語で見ようとするのでそう見えるにすぎない。

全てはことば自身が教えてくれるにも関わらず、それを受け取れないのは語の意味の理解に対する根本的な誤解が障害となっているからである。

2－6．2　ある語が別の語に係り、その語がまた別の語に係る。その関係の終点をここでは中心要素と呼ぶ。

2−6．21　中心要素は文が成り立つ最低条件となる。

2−6．3　言語原則は、日常言語を支える基本ルールであるがゆえにシンプルである。

2−6．31　言語原則はシンプルであるがゆえに、一〜二コマの講義で習得可能である。

2−6．32　言語原則はその言語の基本であるが、所詮は理論ゆえ、言語学習の最初期で修了し、学習経験を積んでいく中で感覚に溶け込ませてゆくべきものである。

2−6．4　人口に膾炙した一部の品詞名を除いて、文法用語は言語原則の学習に余計である。

2−6．41　英語では単語によって品詞が固定されていることは稀、自動詞・他動詞という基本五文型に直接抵触する概念すら、その双方にまたがる語が多い。また漢文では品詞はないに等しく、助辞すらも語による区分が明確ではない。語の本質的な意味の理解がなされていれば、品詞名による認識はあまり用をなさない。

2－6．42　しかし、「代名詞」は現代日本語の日常会話でも用いられているので有効な用語である。

2－6．43　また特に「助動詞」は有効な用語である。属する語が少なく使用頻度も高い。加えて日本語では句末・文末での使用が多いので文の意味全体を決定づけることが多い。打消・受身・推量などを想起してもらえば理解できよう。また英語では発話者の主観を表すことが多い。日・英ともに助動詞は文脈上の重要な位置づけを担っているといえよう。

2－7　日本語の言語原則について、一般形式の例は次の通り（□は中心要素、⤸は係る、

○は諸語句を示す。勿論、○はなくてもよく、文意の必要に応じて足していく）。

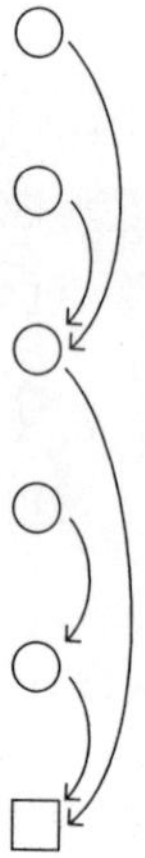

2―7．1　一般形式について、最小限の説明は次の通り。

a．中心要素＝｛名詞＋だ／動詞／形容詞｝

b．名詞をも含めた全ての語が前から後ろに係る。

c．入れ子状態、つまり言語原則が適用されている意味のまとまり全体で後ろに係る場合もある。

d．名詞は直後の語に係る。他の品詞が直後の語に係るか文末などに係るかは、語法や意味上の整合性の問題。

e．名詞に係る際、変音は行わない。但し「〜だ」は「〜な」に変音される。

f．名詞以外の語に係る際、動詞・形容詞・助動詞は変音を行う。動詞は全て語尾の母音はｕ音。それを·ｉ、ｅ、「ん」、「っ」、の各音に変える。形容詞は全て語尾は「い」。それを「く」、「っ」に変える。

なお、一部の語は、それへ係る語に別の変音を要求するが、それは語法の範疇。

ｇ．命令表現は、動詞・一部の助動詞の語尾の母音をｅ、「ｅよ」、「·ｉよ」に変音。

なお、ｆ・ｇにおいて、具体的にどの語がどの音に変化するかは語法の範疇。

2－7．11　日本語において主語という概念は存在しない。欧米諸語でいうところの主語と見なすことのできる修飾語句を必要に応じて付け足しているにすぎない。

2－7．12　古文・現代文を通じて、日本語において主語が絶対要素であったことはない。よって「主語の省略」は存在せず、有効な言語に属さない。それは「連体修飾の省略」などと言わないのと同じレベルである。

ましてや古文、特に中古の文章では、尊敬語・謙譲語が代名詞のような働きをするので尚更である。

（古文、つまり古代日本語も先の一般形式に準ずるが、「だ」を「なり」に置き換えることや、母音の変化を古語に合わせるなど、いくつかの相違点があるのは当然であろう。加えて、接続語の多用や、名詞が助詞に係らず、直接、中心要素に係ることが現代文より多いこと、といった注目点がある。後の「細則」の欄も参照されたい）

2−7．2　言語原則を学ぶことが、文法用語による文法体系を学ぶ口実とはならない。言語原則は言語に内在する原始的なルールであり、ゆえにその言語に触れる以上、絶対に付いてまわるもの。用語による言語認識以前に問われるべきものなのである。一方、文法体系は当該言語の外に存在し、各言語を超える普遍性を目指した言語といえる。

2−7．3　当該言語とその外にある言語は各々、対等で独立した価値を有する。どちらか一方が他方を凌駕するということはない。

2－7．31　日本に訓読法という伝統があるゆえ、どうしても漢文を日本語に偏重した視点で捉えてしまう。しかし、古代中国語を古代日本語で読む訓読をベースにした句法という概念は、やはり漢文そのものの実情に合わないうえに、意外に入試の実際にそぐわない点が多い。

2－7．32　訓読の現代的意義は吟味。いわば日本語でカバーされた音楽に親しむようなもの。この漢文訓読と漢文読解とを混同したことが漢文教育が成功していない理由である。漢文つまり古代中国文に直接触れよ。そこは処世のための知恵の宝庫、そういう教養を教わる者たちがもたないのは教育上の大きな損失といえよう。

2－7．321　漢文の言語原則についての略記。
中心要素は文頭の方にある「AがB」「AがVする」といった意味を表す語の組み合わせ。但し「Aが」に当たる語は、英語のような絶対要素ではない。動作の対象となる語は後ろから中心要素などへ係る。その他は前から後ろへ係る。但し、助辞は語法の範疇なのでその限りではない。再読文字や句法は、あくまで日本語の都合を押しつけたものにすぎず、漢文の言語原則・語法とは直接関係ない。読解という側面に重きを置くなら、いわゆる句法に属する語のほとんどは、ただの単語の学習の域を出ない。

2−8　英語の言語原則について、一般形式の例は次の通り。

2−8．1　一般形式について、最小限の説明は次の通り。

a. 中心要素は文頭の方にある「AがBする／でいる」という意味を表す二語の組み合わせそのものである。「Aが」を省く命令表現を除いて、この組み合わせが形式上存在するのは確定的である。

b. 前に係るのが係りの基本である。よって[A]に係る場合は[A]と[B]の間に語群が配置されることになる。

c. [A][B]○の各要素は数語で形成することも可能。要素内では語は後ろへ係る。

d. 入れ子状態、つまり言語原則が適用されている意味のまとまり全体で前に係る場合もある。その際、「つなぎ」の語をそのまとまりの先頭に配置させるのが一般的である。

e. 一つの語に係る語句が二つあれば、二つ目は'and''or'で導かれる。中心要素そのものが二つある場合も同様。

f. ○に代名詞が入る場合は[B]のすぐ隣に配置するのが基本である。

g. 主に動作を表す語が他の語に係る時、'～ing''～ed'形に変化させるのが一般的である。

h. 疑問表現は、文頭に'do'やその変形を配置。但し、[B]に文内容が話者の主観であることを示す助動詞、及び、根源的な存在を表す'be'、'have'らがある時、Ⓑ自身を文頭に移す。原則的にはそれら諸語そのものが疑問・否定の直接の対象となることはないので、一般の単語とは異なる扱いをする。

（なお、この一般形式では時制の諸形態について、最初の一語のみをⒷとしている）

以上である。その他、いわゆる文法の諸項目は全て語法の範疇に帰するものである。

2－8．1　中心要素について、主語（名詞）＋述語（動詞）という捉え方は有効ではない。品詞という概念は、日本語のようにほぼ語によって固定されているのなら、まだ有効に使える。英語の場合、品詞は語の用法を示しているにすぎない。'will'は助動詞と名詞、'book'は名詞と動詞、'on'は前置詞と副詞といった具合である。学習のコストを増すだけの概念は、教育現場においては放棄すべきであろう。

2－8．2　教育現場における文法体系には様々な点から罪が問われよう。その最大のものは、言語原則に文法用語を当てはめたこと、ではない。品詞に関することでもない。それは「語法」に「文法」の名を与えてしまったこと、その一点である。これは「年収に倍する借金」に「住宅ローン」ということばを与えたことと同じくらい罪深いことである。

2－9　語法とは、ある語と整合性をもつ語群の形式、及び類義語との相違を示すカテゴリーである。それらは語の意味・音韻によって規定される。

2－9．1　語法を把握することは、その語の本質的な意味を認識することと同義である。ここでいう語法は、英語語法と一般的に呼び慣わしている、無機質な公式化・安易な知識の羅列が行われている項目とは別次元である。

2－9．11　わかりやすさへの軽率ないざり寄りが、安易な公式丸暗記の発想を生む。'not'はなぜ'be'の後、一般動詞の前なのか。なぜ'inform O. that～'という型をとり、'inform O. to do～'や'inform that～'とならないのか。なぜ助動詞の中で断定「なり」だけが形容詞の補助活用に接続しないのか。それらは'be'、'inform'、'that'、'to'、「なり」「〜かり」の本質的な意味が教えてくれる。

公式そのものに罪はない。問題はその公式を絶対視してしまうところ。つまり、それ以上何も問うことなく無条件に受容すること。

語の本質的な意味を知ることで、丸暗記という苦しく、かつ思考停止をひきおこす作業を免れ得る。そして何より応用を効かすことができる。

2−9．12　教える者が英語語法などを文法内の暗記項目と見なしているのなら、それは不幸な怠惰である。例えば、動名詞のみ、または不定詞のみを目的語にとる動詞をリストアップする項目では、不定詞・動名詞の本質と各動詞の意味上の整合性をひとつずつ説くべきところであるのに、「メガフエプス」という暗記法を唱える。これは一体何なのだろう。語呂合わせにすらなっていない。

2−9．121　全てに理由があるわけではない。だからこそ示し得る理由は表現しなければならない。

２－９．１３　言語原則は、そこにその言語が表現されているのなら必ず適用されている法である。つまり、語群を配列する以上、全ての語に言語原則は当てはめられる。ある特定の語に当てはめられる法なら、それは語法である。

２－９．１３１　英文法と呼ばれる項目のほとんどは、少数の重要な語の扱い方を説明した語法である。

この認識の肝要なところは次の点。即ち、各々の語の法を学ぶのに、文法用語による認識や根拠づけは余計であるということ。直接、意味に触れる方が表現の本質に迫れるということ。

２－９．１３２　時制は'be''have''～ing''～ed'のたった四つの語・語形についての語法である。'be''have'は一般形式のⒷに当たり'～ing''～ed'は係りとして、この二つを分けて考えると、より進行や完了、分詞といった各々の表現の本質が見えてくる。略述すると次の通り。即ち'be'はある時点で、ある状態・動作を伴って存在することを意味し、'have'はある一定期間、ある状態・動作・存在を保持していることを意味する。'~ing'は進行中であることを、'~ed'は受動態の用法も含めて到達を意味する。

2-9. 14　英語における文法・語法・構文などといったカテゴライズは全く不要である。関係詞や仮定法などといった諸項目も、言語原則に基づく特定の語の意味を把握する語法として学べば、類義語・類似表現ぐらいの認識で済む。比較構文も比較三要素、基準・対象・結果という全ての言語に共通する本質を英語では各々どう表現するかだけを学べば、あれほど膨大な構文公式を丸暗記する必要はなくなる。また、そのような比較の概念の把握の仕方は、古文・漢文など他言語にすぐ応用できる視点を授ける。

2-9. 15　教育現場では、英語・現代国語・古文・漢文はバラバラに把握されている。文法という視点も各言語の違いを際立たせるような比較言語に終始している。

言語を通じてその向こうに見える世界を把握する。この点で各言語が一致している以上、それらの学習に共通する姿勢を確立することができる。本来なら文法体系はその一助となるはずである。

2－9．151　影だけを見る者にとって、それは影ではなく、ただの闇である。光を見るから影を見ることができる。共通点を見るから相違点も見える。遊ぶのが下手な者がビジネスでも下手をうつように、対比されるもののどちらか一方だけが明確に理解できることなど有り得ない。

2－9．2　語法は言語原則と同様、言語そのものであり、文法用語や公式とは一切無縁である。用語・公式の類は言語の外から後付けで与えられた名である。問題はその名を丸暗記することよりも、丸暗記することだけに止まっていることである。それは曲名だけを覚えさせて曲を聞かせないのと同じこと。そのことに気付けば、いわゆる文法は本来あるべき位置に帰する。

2－9．21　そもそも、語法という発想を広く適用できないのは、語の「意味」に対する誤解があるからだ。

そしてその誤解を助長するもの、ひいては言語教育が失敗している根本要因、それは数学への憧憬である。

数学的発想を絶対視する、いやそうしたいという思いは、答がはっきり出るものへの甘えから生まれる。

答はあるが外部存在を使って明示できない、そのようなものにも同様に価値があることを認めない怠惰は、人に内在する感覚を不当に軽視することへとつながる。

2-9．211　言語は数学ではない。

2-9．22　言語を通じて見える世界を感じ取る時に初めて、世界のパーツとしての各語の機能を知る。文法用語とその体系はその記述によって言語の機能美を示す。

文法は言語の美しさを感じるためにあるのであって、言語習得のための道具としてあるのではない。

2　文法は、その言語による会話や読み書きに不自由せず、かつ、明確に言語の有りようを述べる必要がある者の視点としてのみ有効な言語となり得る。

2．1　ほとんどの文法用語は一般の学生相手に、しかも言語学習の初級段階から提示するようなものではない。

文法用語が必要となる時、例えばそれは言語を教える者になるため、その頂上を征服しようとする時であろう。それは雪に足元をすくわれる険しい道のりゆえアイゼンを履かねばなるまい。しかし、それがいかに役に立ったからといって、言語の初心者相手に、家の玄関を出る時からアイゼンを履いておけというのはおかしい。

2．2　教育現場で提示されている文法なる分野は次の四つに解体し得る。

a．言語原則

b．語法

c．論理形式

d．文法用語による言語認識体系

2．2　1　これら四項目を完全に分離する。言語学習の最初期段階で、aを手早く修了する。bはその性質から、ほとんど言語学習そのものといえる。語の意味とは何かということをしっかり認識したうえで、ひとつひとつクリアーしていく。勿論、ジャーゴンさえ用いなければ、同じような語法をもつ語群をまとめる作業は有効である。そして、複雑な内容をもつ文章に取り組むレベルになれば、cを学習項目に加える。dは言語学や教育を志す者のみ触れる。いわば上級学習者向けのマイナー項目として隔離しておく。以上が本書の文法教育についての根本思想である。

2．3　言語原則と語法は言語と不可分である。よって、この二つに文法の名を与えたところで、その文法を理解しているかどうかは結局、読解力やコミュニケーション能力でしか示し得ない。

3－1　したがって、文法問題とは文法用語そのものを答えさせる問題としか規定し得ない。

3－2　大学入試問題の中で古文の一部を除いて、文法用語をあらかじめ知らなければ解けない問題は存在しない。文法問題はかなりマイナーな項目である。

3－3　空欄・傍線・整序などの形式を用いた、俗に文法問題と呼ばれるものの多くは部分的であるにせよ、意味を把握しなければ解けない。文法用語を答えさせない文法問題があると見るのは錯覚である。

3－4　意味を把握したにも関わらず、さらに文法的解析を行わなければ答が導けない問題、そのようなものは存在しない。

3－4．1　意味が全く同じで文法的機能が違う二つ以上の語、そのようなものが存在しない以上、用語を問うことのない文法問題はあり得ない。

3－4．2　現代日本語による逐語訳に偏向する時、意味と訳との相違が見えなくなる。

英語・古文のネイティブの感性に照らせば、全く同じ意味の語など存在しない。いや、およそ語彙体系の中で存在意義のない語を抱える言語などない。あくまで同じ訳語が当てはめられる語があるにすぎない。

3－5　意味を把握せず、丸暗記する公式の類を当てはめるだけで、答が導ける問題は存在する。が、この種の出題は合否に関わるほど多くはない。出題者の基本的な意思に反しているからである。

3－5．1　出題者、つまり大学教授が受験生に見出だしたいのは思考力。その思考の手間を省く公式類や選択肢だけで答を当てるといったような受験テクニック、また入試に出る○○といった類の知識は彼らの嫌うところとなる。

3－5．2　本来、大学と高校・塾・予備校の利害は一致する。が、受験する側の方は大学が忌み嫌うものに夢中である。

3－6　出題者、つまり大学教授は学生の国語力、論理的思考力、教養のなさを嘆いている。このような彼らの受験生に対する関心が文法力に向けられていると考えるのは不自然である。

3－7　出題者、つまり大学教授は国文科や外国語学部のためだけに国語・英語の問題を作成しているのではない。

3－8　出題者が志あるものなら、ただ単に用語だけを尋ねるものや公式を当てはめるだけの問題は、作成しないか、設問数調整のための少数の出題に留める。

3－8．1　読解力を見るのなら、良文を用いて次の二種類の出題で本来なら事足りる。文脈の流れを把握する力を見る要約問題。文を通じて見える世界を別のことばを用いて表現する説明問題・訳出問題。後者は重要な数文に傍線を付す形式であるが、様々な制約から、このような出題形式は非常な困難を伴う。

3－9　読解力を軽便な選択式問題で量る技術として、センテンス中の重要な一部分だけを問う方法が多用されている。その一部分は、センテンス全体の意味や前後の文脈を把握せずには解決が定まらない箇所が選ばれる。

3－9．1　この形式は、明らさまな正解の選択肢の作成を避けることができるうえ、選択肢のヴァリエーションもつけやすいというメリットをもつ。俗に文法識別問題と呼ばれるものがその典型。

3－9．2　俗に文法問題と呼ばれるものの多くは、本書で言うところの語法を利用した出題である。

語法は語の意味に直結する。文法用語を直に記述させられない以上、問われているのは語群の整合性を支える意味そのものなのである。

（古文の文法問題については「細則」の欄も参照）

3　いわゆる文法問題の多くは、文法問題のふりをした読解問題である。用語による文法知識が大学入試対策として果たせる役割はほんのわずかである。

3．1　明日もその列車に乗ることがわかっているのなら、今日しか乗れない割引切符よりも、明日も乗れる一枚の切符の方がよい。毎日乗り続けるのなら尚更だ。
仮に文法という切符が俗に文法問題と呼ばれるもの全てを割引いてくれたとしても、レールの先に読解問題があるのなら、最初から読解用の切符をもっていた方が能率的。ましてその仮定はあり得ないのだから尚更だ。

3．2　「型」が、集積された経験を基盤とした作業の効率化をはかるテクニックなら、文法用語による言語認識・設問解法にもその資格は十分にある。但し、直接、世界を見るという基本を欠かさない限り。たとえレーサー・クラスのドライビング・テクニックをもっていたとしても、公道を走るのに安全運転をしようという基本を欠かせばクラッシュは免れない。

3．3　文法用語があなた自身の言語や生と直接何の関係があろう。あなた自身が直接、感知した世界こそが、あなたにとって唯一の有効な言語であり、生なのだ。

3.31　古文を読んで「べし」を目にした時、あの文法的意味と称するものを直接、感知することはまずない。推量・意志・当然・適当・可能・命令・予定・運命・義務・必要、これらの用語群は全て、意味を感知した後、命名された二次的なものにすぎない。

3.32　文法は言語から意味を媒体として認識される。

3.33　そもそも文法用語による規定が発生したのは、語の意味の捉えどころのなさに根本要因がある。

4－0.1　語には意味がある。が、語は意味そのものではない。

4－1　語は発音や文字という形態で示される記号である。

4－1．1　語は任意の記号である。ある動物を「イヌ」'dog' 'hund' のどの記号で呼ぶかは恣意的であり、語とその意味するものの結び付きに必然性はない。

4－1．2　語は抽象性をもつ。つまり「イヌ」という記号は特定された一匹の犬を意味するのではなく、どの犬にも当てはめられる。

4－1．3　語が意味する領域は曖昧である。「ハーフ」と言える個体・事象は存在する。それをどちらの記号で呼ぶべきかは判じ難い。語が抽象性をもつ記号である以上、「イヌ」と「オオカミ」や「アオ」と「ミドリ」の境界線が確定しないといったようなことは避けられない。

4－1．31　学問では記号の意味する領域を確定するために、細分化された記号群の設置や、各記号ごとに多くの捨象を行う。専門用語が示す世界がしばしば、現実世界と乖離しているように見えるのはそのためである。

4－2　記号は意味をひとつしかもたないがゆえに記号足り得る。

4－2．1　赤信号は常に「止まれ」を意味するがゆえに記号としての役割を果たしている。もし赤信号が「進め」や「スピードを上げろ」などの複数の意味をもつのなら、我々はその記号だけで、意味するところに従って行動をひとつに決めることなどできない。「文脈」によって意味が定まるのなら、他のものとワンセットでひとつの記号ということになり、赤信号は記号の一部でしかなくなる。

4－2．2　「イヌ」という記号が犬という動物を指す一方で、「おまえは警察のイヌだったのか」というセリフの「おまえ」は犬なのか、というとそうではない。ここから「イヌ」＝①イヌ科の動物②スパイ・まわし者、といった辞書的定義が成り立つ。語という記号は複数の「対象」を指すのである。

このことについて一般的には、複数の「意味」があるといった理解がなされる。「多義語」という語が口にされる所以である。

4－3　語の意味は対象ではない。

4－4　各対象を抽象化した概念や記憶心像が語の意味であるとも言いきれない。「甘いケーキ」「甘い考え」「甘いマスク」「結び方が甘い」「孫に甘い」、これらからどんな共通の概念や記憶心像を抽出することができよう。

4－5　ウェイターに「水」と言えば「水をもってきてくれ」と解釈される。このような文脈上の解釈をも含めた時、語の意味をことばでもってひとつに定めるのは不可能となる。

4－6　「かわいい」「うつくしい」「きれいだ」、それぞれの意味そのものの違いをことばで明瞭に説明できる人はあまりいない。同時に、これらの語の使いわけについて例を挙げられない人もあまりいない。
語の意味について人は「説明できないが理解はしている」という事態を経験する。

4－6．1　説明とは、説明されることばが意味する範囲内で別のことばに置き換えることをいう。

4－7　他のことばに置き換えられるだけでは、語の意味を理解したことの証明とはならない。

4－7．1　単語テストは単語帳の丸暗記で事足りるがゆえに語の意味の理解を確認できない。

例えば「カタルシス」＝「精神浄化」や「芸術鑑賞などによって抑圧された感情が解放されて得る快感」と答えられても、具体例も例文も挙げられない。目の前でカタルシスを感じている人がいるのに、彼の今の心の動きがカタルシスだと指摘できない、などといったことになれば、それは到底その語の意味を理解しているとはいえない。

4－7．2　理解とは全くひとりきりの体験である。理解という行為そのものは他者からは確認できない。理解する本人が何らかの形でそれを示さねばならない。
理解そのものは外に現れるものではなく、人に内在するものである。

4－8　「語の意味を理解する」とは、必要な時に発声や記述という手段を通じて、その語の意味に適合する事物・事象を、外に向かって指し示す、その準備ができていることをいう。

4－8．1　「甘い」という語の意味を理解する者は、甘いモノ、例えば砂糖やハチミツといった人間の外にあるモノを例に挙げ、「甘い」の意味を示すことができる。
が、人はこれ以上、語の意味の核心を詳しく説明することができない。つまり「甘い」という語の意味そのもの、砂糖やハチミツを舐めた時に得られる味覚そのものを、ことばで説明することはできない。

4－8．11　なぜ「甘い」の意味そのものをことばで説明できないか。それは全くの感覚だからである。

4－8．2　ことばでは説明できない「甘い」の意味そのものを自分自身が本当に理解しているかを確かめるには、「甘い」の例を挙げた時、他の人々が賛同してくれるかどうかを見る。賛同を得た時に初めて、その語に宿る感覚を自身がきちんと把握していたことを知る。

4－8．21　ある味覚に「アマイ」という音を当てたのは全く恣意的なことで、特別な理由が味覚そのものに宿っているわけではない。

では、その語でその味覚を表現することをどうやって決めたのか。ルーレットか何かで決めたのか。無論そうではなく自然に決まったのである。

その自然とは一体何なのか。その味覚に対し、ある個体が感嘆詞のように「ア・マ・イ」と発音した。それをその個体が属する共同体の皆が賛同したのではないのか。その味覚にその発音がフィットしていると。

4−8．22　恋の感覚や厳しさが足りない様《さま》にまで「甘い」という記号の適用を拡げたのは、その言語を共有する共同体の人々が認めたからではないのか、それらが味覚を示す語「甘い」にフィットしていると。

4−8．221　フィットしているという思いは全く感覚的なものであり、合理的な理由などない。色や音、服を組み合わせる時に感じるように、究極的には、ただ合うと感じただけである。

4−8．2211　共同体の皆が同じ感じをもつのは、器官のしくみや文化的背景に拠るものであろう。

4−8．222　意味をもたない固有名詞にすら、我々はフィット感をもちだす場合がある。
「ヨネ」という名は誰につけても構わない。意味をもたないとはそういうことである。にも関わらず、男性・若い女性、派手な老女、そのどれにも合わないと感じる。

4－8．3　あることばを見たり聞いたりして理解するとはどういうことか。そのことばが、ある事物・状況・文脈・雰囲気などや、他の語句とピッタリ合う、フィットしているいると納得しているということである。その語の意味そのものを理解していても、文脈などとフィットしているという感覚がなければ、我々はその語の意味するところを理解し得ない。

4－9　語の意味とは、その言語共同体の多くの人々が共有するフィット感である。

4－9．1　意味があるとは、ある記号から、ある物的ないし心的な事物、ある場面・状況、ある文脈形成に適合する感覚が得られるということである。そしてこの感覚は、連想ゲーム的に、また他の語句との関係によって拡がりを見せる。

4　言語とは感覚記号である。

4.01　感覚そのものはことばで示されない。つまり語の意味そのものを完全に語ることなどできない。

4.011　よく知っている単語ほど説明しづらいのは、その意味をはっきりと感覚で捉えているからである。

4.012　外国語に堪能な日本人は皆言うではないか。頭の中でいちいち日本語に訳してはいられない、その方がしんどい、と。
　彼らは‘water’を「水」とは認識していない。‘water’は‘water’であると感覚的に捉えているのである。

4.013　「グラス」と「コップ」はしばしば同じものを指すが、このような物質名詞ですら、その意味をフィット感として捉えている。「ウィスキー」を「コップ」に「緑茶」を「グラス」に入れると違和感をもつ人が多いのではないだろうか。我々はそこに理路整然とした語の意味を見出だすことができない。

4．02　ことばを教え・学ぶとは、ことばを通して感覚を伝え・受けとることである。

4．021　テレパシーがあるなら、感覚そのものを先に伝え、後からそれに対応する語を示すだけでよい。

だが、人は感覚そのものを決して伝えることができない。「疼痛《とうつう》」ということばを、ずきずきとする痛みのことだと教えても、「ずきずき」そのものは伝わらない。何が、どういう感じが「ずきずき」なのかを知らない者は決して、他人からそのことばを教えてもらうことなどできない。

4．022　ことばの意味とは全くの感覚であるがゆえに、ことばは不完全なものにならざるを得ない。愛する二人が「愛している」と叫んでも、その意味は違うのかもしれない。不完全なことばを、また別の不完全なことばによって伝え、受けとらなければならない。これが人間のドラマを生むのである。

心を以て心に伝う、以心伝心というわけにはいかない。言語教育・学習という行為はどうしても、この不完全な部分を背負わなければならないことを、教える者・教わる者ともに自覚すべきであろう。

4.023 あるがままを、不完全なものをそのまま受け入れることなどできないとわがままを言うとき、人は文法というわかりやすく不自然なものへの逃亡をはかる。

4.024 意味を理解するとは全く己れひとりきりの行為であり、他のいかなるものに依存することも、責務を負わせることもできない。

4.1 フィット感は、第一印象、連想、文脈の三つのレベルで感知される。意味すなわち感覚は伸縮する。

4.11 第一印象は、最初に与えられたフィット感の適用範囲。複数の語が同じ物を指すように思えても、各語がもつ感覚の適用範囲は異なるものである。たとえば同言語内においても「本」と「書籍」はやはり異なる。諸言語間でも「本」と'book'は完全に一致するものではない。日本人がよく知っているはずの"friend"ですら、我々が明確に区別する「友人」と「恋人」の両方を意味するではないか。

つまり、第一印象の段階で語は既に、各々独自の「意味の幅」を見せている。

4.12 語の意味は連想によってその幅を拡げる。現代日本語で「腕」が技術を、「首」が解雇をその範疇に含むように。

4.13 語の意味は文脈によって伸縮する。「鍋を見てくれ」「赤ん坊を見ていてくれ」と言う時の「見る」の行動はそれぞれ異なる「見る」の意味が拡がっている。逆に「子供たちに何か飲み物を出してくれ」と言いつつ、ウィスキーが出てくることを期待する人はいない。「飲み物」の意味がこの文脈では縮んでいる。

4.2 「様々な意味」という表現は、実は意味の数のことを言っているのではない。フィット感の拡がりのことを言っているのである。「多義語」という語は慎重に用いねばなるまい。

4．21 英語、古文の学習の際、語の第一印象の幅が、選ばれた現代日本語の訳語の幅と異なるゆえに多義語扱いされる語が多い。辞書・単語帳の①――②――といった表記の仕方がその見方を助長している。

だが、ネイティブにとって語の感覚はひとつである。

日本語の「兄」「弟」を基準に英語の'brother'に二つの意味があるとはいえない。また、弟と妹のどちらから見た兄であるかによって単語を分けている朝鮮語を基準に、日本語の「兄」に二つの意味があるとはいえない。

4．22 連想によって語が適用される対象は複数となる。が、何に適用されても、同じ感覚を元にしていることに変わりはない。スクランブル・エッグであれ、プレーン・オムレツであれ、その味は卵以外の何物でもないのと同じように。

4．221 辞書・単語帳に羅列された多くの「意味」は連想などにおける意味の拡がりにことばを与えたものである。それらは「語のここでの意味・訳語」であって「語の意味」ではない。

4.222 語の辞書的定義というものは語に宿る感覚を知る入り口、きっかけである。

4.23 意図的にある語を既存の意味とは別の文脈に転用し、それが社会的に定着した時。また、語の長い歴史の中で、フィット感の適用があまりに拡がり、第一印象からかなり距離のあいた時。以上のような時に初めて「多義語」と呼ぶべきかどうかを断ずるのである。安易に用いるべき語ではない。

4.24 語の意味はひとつである。語が記号である以上、少なくとも意味の根はひとつである。多義語と呼ばれることが認められたものでも、元の感覚はひとつである。

4.3 語の学習とは、そこに宿るひとつの感覚を探ることであって逐語訳を記憶することではない。

4.31 単語テストの最悪なところは、機械的な語の置き換えが意味の説明や翻訳という行為であるという姿勢を身につけさせてしまうところである。

4.311 物質名詞や専門用語の類は単純な語の置き換えで、その語の説明や翻訳におおかた事足りる場合もある。

が、我々はそのような知識とは別に、俗に言う「ピンとくる」感覚をその語に対してもっていなければ、実際には使えないことを知っている。

ことばは意味を入れる器。器を交換することがその中身を味わうことにはならない。しかも、他の器に移しかえる時には大体、その中身は知らず知らず零れるものなのである。

4.312 英語の訳出は完成させても、自身の訳出したことばの意味を尋ねてくる珍種の生徒は、おそらく日本にしか居ないだろう。

意味と分裂させたところで、ことばを操ろうとしている。

4.3121 ことばと意味の分裂は、ことばと意図の分裂を引き起こす。これが習慣となってしまった時、魂はことばを失い、ことばは信用を失う。

4.32 語の意味すなわち感覚は、アメーバのごとく伸縮し、時に分裂・合体する。語の正確な意味はことばによっては捉え難く見えよう。が、それはどのような形態であれ、いつも同じ色をしている。

4.4 意味が感覚であるなら、ことばを通じてその意味に直接、触れる必要がある。つまり、言語の学習には、ことばを知覚的・身体的なものにすることを意識する必要が生じる。

4.41 ことばを視覚的に説明する能力に恵まれた者は言語を教える者としての適正があるといえる。

4.4.1.1 語や文という角材・木の骨組みに肉付けを施す。ことばの説明は聴く者の頭の中に塑像をつくるようなものである。絵や図、映像が使えるなら、聴く者の心へ容易に像を与える粘土となろう。が、やはり主な粘土はことばであり、それを形づくる技術は具体例・例文・比喩の巧みさと多さで問われよう。

4.4.1.2 相手の感覚を喚起しようとする説明は多くの生活体験が必要となる。言語を巧みに教える者は多くのことばを知る者ではなく、多くの世界を知る者である。

4.4.1.3 世界に対する認識体系は語彙体系によって示される。世界への視野は、類義語・対義語・語義の樹形図を多く提示することによって構築される。

4.4.1.4 視覚的な説明や認識体系の提示は、辞書的定義を羅列するよりもはるかに手間がかかる。文法を語る暇はないはずである。

4.4.2 教わる者たちはあまりに忠実すぎる。彼らはおそらく「鵜呑み」ということばの感覚を知るまい。鵜は鵜匠すなわち主によって首に縄を巻きつけられる。鵜は魚を丸呑みする。決して「咀嚼」しない。そして主の求める通りに魚を吐き出す。まるでその主はチョークをもっているようではないか。

4．421　咀嚼とは抽象化による感覚の把握である。多くの辞書的定義をかみ砕いて口の中でひとつにする。それは語の意味の根源をまさに味わおうとすることである。

4．4211　なぜ単語・熟語が覚えられないのか、単語帳・辞書で暗記しようとする、または文章の中で覚えようとする。それらは表面的・二次的方法論にすぎず、ことばを身につけることとは直接関係ない。

そう、まさに直接、語に触れないからその意味が身につかないのである。

読者はまだ辞書的定義や訳語を明らかにすることが直接、語の意味に触れることになると言いたいのか。そのように暗記しようとしても、それは食べずして料理の味を、シェフのことばによる説明だけで覚えようとしているようなものである。

ことばを身につけられない者は辞書や単語帳の①——②——③——といった羅列

をそのまま鵜呑みにするだけである。与えられた翻訳を読むだけである。が、ことばを知る者は、列挙された定義の根底に流れる感覚を感じようとする。ことばでは決して完全に示し得ない、生きた具体例・生の文脈でしか掴むことのできない「意味」というものを感知しようとする。どのような方法であれ、己れの感覚を働かせようとしない者に、ことばは身につかない。

4．4212　'look up to～'＝'respect'と覚えることに何の意味があろう。'look' 'up' 'to'の各々の語の本質を感じるのなら「尊敬する」というよりは「仰ぎ見る」の方が近いと知れよう。

「喚起」という熟語は訓読みすれば「喚び起こす」である。「喚」は口偏である。他の読みや部首といった至るところに感じるポイントはあろう。

英語・漢字ともに熟語が覚えられないのは、不自然な方法をとるからである。すなわち、ことばは機械の部品ではなく感覚なのである。ならば己れの感覚を喚起するような接し方をしなければ、ことばは身につくまい。咀嚼とはまさにこのような姿勢をとることである。

4.4213　音読や書いて覚えるといった行為と語学力の向上とはあまり関係がない。音読はあくまで発音の、書くのは文字の形態や綴りの、各々訓練にすぎず、語の意味を感知し記憶することと直接の因果関係はない。
　つまりその言語を全く理解していなくても、洋楽の歌詞を完璧な発音で唄うことや、達筆で揮毫することも可能だということである。

4.422　国語力・語学力とはつまるところ何か、それは感覚の緻密さである。決してことばの知識の多寡だけをいうのではない。
　ことばをどれだけ丁寧に噛み砕くか。そこに、ことばを己れの血肉にできるかどうかが掛かっている。丸暗記という怠惰な丸飲み行為は結局ことばを消化せず、さっさと排泄して、忘れ去るのみである。

4.43　ことばに宿る感覚に対し、接触と使用という経験を重ねていく。ことばを常に自身の身近な例に置き換える、可能な限り自身でそのことばを使う、あるいは使う場合のことを想像する。

つまり、己れの現実として受け止めることが、ことばを身体的なものにする。ことばと己れ自身と現実とが乖離したところに思考のための有効な言語は生まれない。

4.431 人は自身の感性が現実に裏切られていることを恐れる。その事実が示唆されるようなことばを目の当たりにした時、「それは理想論である」というフレーズを思考に用いる。

4.432 理解は等しくひとりきりの行為である。現実の生《せい》の感覚は教えることも、教わることもできない。他の何ものにも依存できず、直《じか》に取り組まなければならない。

4.4321 ダイレクト・イズ・ベスト。

4.4322 人が直接的であることを、直に触れることを避けたがるのは、真実に対する恐怖心と、いざという時の言い逃れをするためである。

4.433　意味すなわち自身の感覚と、ことばが分裂する時、人はことばにリアリティーを失い、皮相なことばを並べ立てるようになる。

それはまた、過激なことばを生み、一方でことばを解釈する力を失って安易に傷付く心を育む。その心は自身を安全圏に置いて他人を非難することばを用いるようになる。

そのような現象は至るところで見られる。教育現場に限るなら、小論文や進路指導時の双方の発言といったところですぐに観察される。

4.44　思考・判断・行動は言語と基本的に一体であり、それらは自分自身に対する責務以外の何ものでもない。

4.45　少なくとも五万年ほど前、人類は他の動物には見られない伝達手段をもっていた。それが音声言語だ。その後五千年ほど前に文字言語を誕生させることで、間接的なコミュニケーションをとることに成功した。意思疎通をスムーズに行うため、ことばはますます明確な記号であることが求められた。にも関わらず、ことばは人々に誤解を与え続け、一方でその意味は刻々と変化し続けた。なぜか。もしことばが物理的な根拠や人類の不動の原理に基づいて形成されたのなら、明晰で永久的なものであるはず。だが、現実にはそうではない。

相変わらず、ことばの意味は曖昧である。それはつまり、ことばが人の内側から発生したものである限り、安定を得ようとする一方で変化を求める人間の、複雑な感情・思考を反映せざるを得ないからだ。だから人につれて、また時とともに、ことばの意味は移ろいゆく。学校や塾・予備校には悪いが、たとえ受験という現実下にあろうとも、ことばは単語帳や単語テストの中に生きるのではなく、生の流れに身をゆだねながら息づく。無機質な語の置き換え作業は、川の水面《みなも》に文字を書くようなもので、流れては消えてゆく。

ある日本人が「痛い」や「悲しい」といった語を知らないと仮定する。彼はどうなるのであろうか。彼には痛みや悲しみがなくなる。いや、本当はあるのだが、それとは認められなくなる。痛みや悲しみが生じても、今、自身に起こっている感覚・感情が把握できない。無論、人にも伝えられない。やがてそれらは自覚されるものとしては発生しなくなる。その時、彼は自己と他者で成り立つ世界を知る、ひとつの機会を失ったことになる。生《せい》の現実をひとつ取り逃したのである。

感覚に語が与えられ、語に感覚が与えられる。わかっているのに意のままに動かぬ自身を感じ、初めて「煩悩」という語の存在を知り、切ない思いをして初めて「恋」という語の意味を知る。

人はことばによって感覚を認識し、そこから感情・思考・判断・行動が生まれ、概念や思想も生み、最後に時を生んだ。「今日」という語を生んで初めて今日のことが考えられるようになった。

もし、感覚を抜きにしてことばを学べばどうなるか。感覚と不可分の感情が失われよう。そこから思うことも考えることも失われよう。頭の中にある手持ちのことばはもはや己れのことばではない。ことばを使って判断し行動することも、己れの思想を紡ぐこともできない。現在の生にリアリティーを与えられない。

その時、他者のことばが侵入してくる。勿論、自身のもつことばと折り合いをつけながら他者のことばを吸収するのは奨励されるべきことだ。しかし、ただ他者のことばを鵜呑みにし依存する時、己れの思考も現実の生も、そして未来も他者に預けてしまうことになる。

そのような意味で、言語科目は単なる受験や資格取得のための学習ではない。生命そのものに関わる学習である。だからことばは知覚的・身体的なものにしていく必要がある。

自身の頭で考えるために、ことばを己れの手に取り戻せ。これが本書のことばと自己についての根本思想である。

4.4.5.1　人は自身が歩く道のりなら、その数が多くとも道順を忘れないが、己れの足で歩かない道のりを地図の上だけで覚えることは、ほとんどできない。

4.5　新たな語に出合うということは、他者の感覚として既に存在する語に接するということである。語を自身のものにする前提として、己れの尺度では捉えきれない他者を知る必要がある。

4．51　英語・古文の学習では、まずネイティブの感覚に合わせることが必要となる。文法・逐語訳・単語テストといった教育手法の最大の問題点は、現代日本語によるものの見方を、一方的に、しかも無自覚に、当てはめてしまうところである。

4．511　古語の「はづかし」の意味は一般的には①立派だ②気おくれする、などと説明される。読者は、このように全くかけ離れた二つの意味をひとつの語という記号がもっていると本気で信じているのか。もし、そうならそれは、現代日本語に固執した結果、そう見えてしまうのであろう。

「はづかし」は、ある人物と己れを比べて、能力・身分・容姿などの点において、彼が上、自分が下、という状況そのものを意味する。ゆえに「かれ、はづかし」と同時に「われ、はづかし」が成り立つ。つまり、この語には自己と他者を区別する意識が明確ではない。この語の意味の幅は「かれ」と「われ」を同時に含む視野全体である。

自己と他者を明確に区別する明治以降の我々の常識はここでは通じない。世界が変われば思いがけぬ視点が存在しているものなのである。

4．512　和文英訳の際に日本語に固執すると、和文を逐語訳的に英作文しようとする。日本語の○○は英語では何というのか、と考えるのはうまくない。もう主観の罠に陥っている。そこに文法・構文公式のつけ込むスキが生まれる。

4．5121　その和文にフィットするシチュエーションやエモーションを英語ではどのように表現するのか。日・英語の変換ではなく、その意味する世界を媒介とした翻訳。それがまさに意訳であろう。他者の感覚を知ろうと心の中に像を思い浮かべる、その訓練を怠れば、皮相な語の変換作業の呪縛から抜け出せなくなってしまう。

4．5122　英語の講義そのものを、解釈・作文・文法などに分けるのは非能率的である。英語・日本語の間にあるシチュエーション・エモーションを知るのに、一方通行では不十分である。

4．513　教える者が訳そのものを教えることを放棄する。そうすることで言語の本質は伝えられよう。

ある英文の意味するところを視覚的に説明する。その像に合う日本文を数例挙げる。また、英文のいくつかの語を別の語に置き換えてみる。次に、挙げられた日本文のうちのひとつを、いくつか別の語に置き換えて英訳させる。出発点となった英文以外の別の表現も紹介する。

このくらいの手間をかけないと、ことばが自分のものにならないのは、教える者なら自身の経験からよく知っていよう。

勿論、全ての英文にこのような作業は施せない。どの英文をピック・アップするかは、教える者の力量を示すところである。

4．52　一般的に、他人の意見・感想・感覚がまちがっていると思う時の最大の根拠は、自分のものとは違うから、である。言語学習の最大の意義は、この根拠を己れの思考から抹消することにある。

一旦、現代日本語の視点を脇に置き、他者の言語感覚をあくまで他者の視点で把握しようとする。

他者の視点が己れにとってどれほどの価値があろうか。その答えが何であれ、我々は少なくとも、己れとは違う価値観の前に晒されながら生きなければならないということを覚えておく必要があろう。他者の言語を学習する、それは一見、同じ言語を用いている周囲の人々の言語をも含めて、異なる世界をもつ人々の視点の、ひとつの典型を示してくれよう。

4．521　英語を英語で考えるというのは、ひとつの欺瞞である。それは学習の完成形であって学習の方法とはなり得ない。そう言いながら英語とは別の言語、文法用語を用いて英語を解説するとはいかなることであろうか。

そうではなくて感覚そのものを働かせよということである。おそらく先の「英語で考える」と本書の言い分は同じであろう。ただ、このことばは思考そのものに用いる有効なことばではない。

記憶とは、自身ではしっかりしているようでいて、実は大変不確かなものだ。先のことばは、習い始めの頃を忘れ、教わる者となった今の立場で、無自覚に発言してしまったものであろう。

4．522　言語学習において我々は常に、ストーカーに堕する危険性を孕んでいる。他者の言語を全く感知せず、己れにのみ通じる言語で思考する人種のことである。

4．53　言語学習が他者について教えてくれることの本質は何か。それは、他者の感覚など本当はわからないということである。流れの中に生きることばは、個々人の性格・意図・価値観・今の状態などや、属する社会の習慣・価値基準、時代の状況など、それら全てを意味する。このことをふまえて知る他者の感覚は、「わかる」というにはあまりに重すぎる。

ことばを受けとる、または発する時、我々はどのくらい、他者のことをわかっていなければならないものなのだろうか。

ことばは結局、自己と他者のわずかに一致する領域と膨大な相違点を示してしまう。一致する領域については、ただ自然に「わかる」という感覚が発動される。だが、その境界線の向こうにあるのは、端的に野生の領域である。己れのもつ言語がどれだけ強く有効であるか、ただそれだけが示されていく。

5―1　他者の感覚を知るファクター、すなわち自己との一致点として論理は活用される。

5―2　論理は感覚記号としてのことばを整理する「型」である。ゆえにそれは他者の感覚やそのことばにこめられた意図を把握しやすいものにする。

5―3　論理は文・文節の相互関連性において、ことばがもつ本来の意味に加えて文脈上の意味づけを補足する。

5―3．1　次の三つの文を比較せよ。
①彼は受験生だ。よって、一日の勉強時間は六時間くらいだ。
②彼は受験生だ。にも関わらず、一日の勉強時間は六時間くらいだ。
③彼は受験生だ。しかも、一日の勉強時間は六時間くらいだ。
受験生であることと勉強時間という与えられた情報二つは、①②③の各文とも全く同じ。だが、勉強時間について、示されている発話者の意味づけは各々異なる。

前文の情報に対して、①はあるべき事実または予想を示している。②はマイナス評価を示す。③は物理的な事情についての言及、つまり前文は心理的な側面についての言及で、それにつけ加える形で述べられた事柄かもしれない。③の前に「彼をパーティーに誘うかどうか迷った」というような文を想定すればわかりやすくなるであろう。

5－4　よって論理は意味と不可分である。

5－4．1　一般的に、否定・接続関係・数量・比較・強調などを表す語句が論理形式をつくる。

5－4．2　論理形式をつくる語句はあくまで補足であり、論理は語の意味を中心に形成される。

5－4．21　次の四つの文を比較せよ。

①彼の仕事は早いが丁寧だ。
②彼の仕事は早いが雑だ。
③彼の仕事は遅いが雑だ。
④彼の仕事は遅いが丁寧だ。

四つとも逆接を示す「が」を用いているが、その前後に含まれた補足の意味は全く異なる。①は、早いので雑になってもおかしくないのだが丁寧だ。②は、早いという長所はあるのだが雑という短所もある。③は、遅いので丁寧であるはずなのだが雑だ。④は、遅いという短所はあるのだが丁寧という長所もある。

5－5　言語原則は言語に内在する。文法は文法用語として言語の外にある。そして論理は言語に内在する。論理は論理形式として言語の外に示され得る。論理形式は用語で示されるがゆえに文法といえる。

5－6　論理はことばを受けとる側がその内容を複雑難解だと感じた時に初めて、意識のなかに立ち現れる。それは文法が読解とは別次元で、言語を分析する時に初めて意識されるのと同じである。

5－7　よって論理は思考を補足するものである。今ある現実の生に直結する感覚を見落とさないよう思考すれば、論理は意識される必要のないものである。

5－8　だから、ことばの向こうに他者の感覚や他者をとりまく現実が見出だせない時、論理が招きよせられる。

5－8．1　「彼の仕事は早いが丁寧だ」程度の文なら、論理を意識する必要もなく発話者の意図・感覚は読みとれる。だが、難解な文章に接した時、論理は発話者の主張を知る手掛かりとなる。またそこから、新たな世界を知る契機ともなる。幸いにも、どんなに難解な用語を用いるものでも、論理を示す語は共通、いつでもどこでも「しかし」は「しかし」、「だから」は「だから」だ。語の意味が把握できずとも発話者の感覚・意図は論理によってある程度把握できる。論理の重要性はまさにこの点にある。

5－9　論理によって示される発話者の感覚・意図は、大別すると次の二つである。「今、あなたが読んでいる部分が、私の強調したいところです」「今、あなたが読んでいる部分は前後の文脈と○○の関係にあるのです」

5　論理形式は発話者の感覚・意図を披露する枠組みである。

5.01　人は何かをアピールする時、そのものを飾り立てる。が、飾りはあくまでも飾り。たとえば、ファッションやメイクそのものを見てほしいのではない。そうしている自分自身を見てほしいのである。論理形式は主張に対するメイクの仕方を示すものといえる。

5.1　論理形式を必要最小限で示すと次の通り。
（次の、1と0は発話者の強調したいところとそうでないところを示す。また、1と0は文や文節、または段落などを単位としている）

a. 1。1。
b. 1。1。
c. 1。0。
d. 0。1。
e. 0。0。

5. 11 論理形式aは、他の箇所と比べて、明らかに強調していることがわかる表現を意味する。具体的には①定義づけ②オンリー・ワン③その他の強調表現、などである。

（論理の一般形式については現代日本語に限定して述べる）

①の定義づけについて。「AはBである」など、断定表現を伴ってAの意味を確定する文体。ことばには意味の拡がりがある以上、発話者は話をすすめていくために、ことばの意味を固定しておく必要がある。無論、そのことばが重要だから意味をはっきりさせておきたいのである。

②は「他ではない、このひとつだけ」を意味する強調語。③は「こそ」「～しなけ

ればならない」や「～だろうか」といった反語表現が挙げられる。

5．111　オンリー・ワンを表すものとして次の三つが挙げられる。

a②－1　限定。「のみ」「だけ」など。

a②－2　全称。全部当てはまることを表す語。例外なしに全体が一つの事柄に収まるのでオンリー・ワンといえる。「全て」「いつも」「絶対に」など。

a②－3　最上級。一番を表すがゆえにオンリー・ワン。「Aほど～なものはない」など。

5．12　論理形式bは、同じレベルのことばが連続することをアピールする。たとえば「AまたB」で、Aが強調したい事柄ならBもそう、逆もまた然り。ならば形式bは、文章全体の流れによっては必ずしも、形式a・c・dほど強調されているとは限らないということになる。具体的には①換言②並列（対比）などがある。

①は先のことばの言い換えや、先の文までの要約を行う。同じ内容を繰り返し述べていることになるので、それだけ発話者の強調する意志の表れといえる。「つま

り」「すなわち」「要するに」「以上のように」など。

②は二つの異なる内容を並置して、これらが同じ重みをもつ情報であることを示す。「また」「～に対して～」「一方～、他方～」など。

5．13　論理形式cは、強調したい事柄とその説明という形をとる。後に続く説明があること自体、先の事柄が強調されるべき重要情報であることを裏づけている。具体的に①理由②補足③例示④引用⑤比喩⑥対比などがある。

①は「なぜなら～から」など。②は「ただし～」など。③は「たとえば」など。

④は他者のことばを引用して自分の言説を補強する。「○○も『～』と言っている」など。

⑤は発話者が読者にイメージしやすいよう直喩・暗喩を用いて説明している。「ようだ」など。

⑥は後に対比材料をもってくることで、強調したい事柄の輪郭をよりはっきりさせる。「人間」を述べたければ「動物」を引き合いに、「東洋」なら「西洋」を、「大人」なら「子供」をといった具合である。

なお③・④・⑤・⑥は先に配置される時もある。

5．14　論理形式dは、前ふりのことばに導かれて強調したい事柄をもってくる形をとる。具体的に①否定②逆接③対比がある。

①は「～はAではない、Bである」の形。否定は内容のごく一部しか説明していない。よって論理としては必ず肯定文とワンセットになる。

②は先の内容とは逆の、あるいは対となる内容を後に述べる。「しかし」「だが」など。この形には「譲歩」という、逆接よりも更に強調の度合いが増したヴァリエーションがある。「たしかに～、しかし～」「なるほど～、だが～」「もちろん～、けれども～」など。

①と②は③と同じく、先と後の内容を対比しているとみることもできる。その③は論理形式cの⑥と同じだが、ここでは特に「Aさえ～、ましてBは～」を挙げておきたい。

5．15　論理形式eとしたものは次のようなものがある。「だから」「ので」などの因果関係。「そして」「しかも」などの付加・展開。「または」「あるいは」の選択。「さて」「では」などの話題転換。

5.2　論理を添えて初めて、ことばの意味は完きものとなる。論理形式は意味が成り立っていることばから論理のみを抽出し記述したものである。

5.21　よって現実感覚としてのことばの意味を切り離したところで論理を数式のように用いても、何ら有効なものとはなり得ない。

5.211　エスペラントや記号論理は生命をもたない実験室の中の言語であるといえよう。それらはある思考のモデルを示すが、それ以上のものにはなり得ない。

5.212　実際、論理は感覚に基づく己れの意見の正当性を主張する言語操作の枠組みとして用いられている。つまり論理は決して己れの意見の正当性を客観的に証明する超越的なものではない。

だからこそ、後でまちがいと判断する「論理」が存在する。

5.213　一般的に論理は己れの直観を披露する口実である。

5.22　論理形式をつくる語句が言語ごとにまちまちなのは当然であるといえよう。その言語の語彙体系や言語原則に影響をうけて論理形式をつくる語句は生まれる。

5.221　漢文においては論理を示す語句の数はあまり多くない。論理の大半を形成する接続語句は「而」以外はないに等しく、「則」なども、その範疇に入る語とは言い難い。漢文の世界には、我々が言うところの、順接・逆接といった概念とはまた異なる論理が存在する。

5.3　論理は言語に依存する。

5.31　意識するかどうかはともかく、言語を学ぶとはそれに依拠する論理を学ぶということでもある。そしてそれはその論理を用いた思考を学ぶということになる。

6－1　であるなら、言語学習とはまさに、その言語を用いる自己と他者の感覚の有りさまを知るということである。

6－1．1　感覚記号である言語を用いて思考する以上、思考は感覚に依拠する。考えるためにはまず感じなければならない。

6－2　他者の感覚が自己の感覚の輪郭を明らかにする。己れひとりにだけ通用する言語はあり得ないからだ。

6－3　ところがこの国では、その自他の感覚を切り離したところで外国語はおろか日本語をも学んでいる。教える者・教わる者が取り組んでいるのはヴァーチャル・ランゲージであるといってよいのではないか。そこにあるのは確かに文字や単語・文章であるが、ことばが意味するものそのものが見あたらない。まるで一音《ワンノート》も鳴らさず楽譜《スコア》だけで旋律《メロディー》を知ろうとしているようではないか。

6－4　感覚を喚起しない言語による思考は己れにとって現実的思考とはならない。我々はよく言うではないか。「ピンと来ない」と。

6－5　己れの現実に直結する有効な言語が頭にない。それは他者のことばに翻訳して頭に入れていないということである。己れの現実とは自他双方の感覚によって成り立っているのだから、どちらか一方の感覚をないがしろにするわけにはいかない。

6－5．1　他者のことばを自己の感覚のみで勝手に翻訳するわけにはいかない。自己の感覚の同意なしに他者のことばをそのまま頭にコピーするわけにはいかない。

6－5．2　教わる者が自己の有効な言語を築けないのは、言語学習において精読・訳出・

文法解析といったミクロでことばを見ることに偏重しているからである。
勿論、ミクロにものを見ることの重要性は否定されない。ならばマクロの視点も同様に否定され得るものではない。
例えば、講義や文章を三つの文で要約するといった作業を通じてマクロの視点を養う。要約はただ単に相手の重要なことばを並べただけでは成り立たないことは教える者なら知っているはず。その作業にはどうしても自分のことばによる認識・思考が必要となる。

6－5．21　精読はやはり感性が求めた時に行う読みであって、必要性をもって行うものではない。

6－5．3　教わる者が自己の有効な言語を築けないのは、自らの思考によってノートを取らない、ただ先生の言や板書をコピーするだけという悪癖に慣れてしまっているからである。

6－5．31　ノートは聴きとりでつける。相手のことばを自分にとって最もわかりやすいことばに置き換えて書く。また、書くべき内容は自分の感性・能力に応じて取捨選択する。

6－5．311　確かに自分の手で書いたはずのノートを自分の頭で理解できない、それはひとつの悲劇であろう。そこに自分のことばがないからそうなる。

6－5．312　ひとつの内容を短いことばで書くことを意識する時、ノート取りそのものが良い言語訓練となろう。

6－5．313　短く要約しながら書くという行為は、抽象化という作業、すなわち表面には表れない本質を見極めるという面倒な思考を経なければならない。
　教育現場においてミクロな解説・学習に偏向する要因のひとつはこれである。言語科目以上にこの傾向が顕著なのは歴史科目である。

6－5．32　ノートを日記のように時系列でつけていくのは非能率的であろう。重要項目なら何度も言及される。その関連項目も随所に言及される。学校・塾・予備校・自宅学習のそれぞれで同じ項目について言及される。

それらに対してバラバラにノートをつけていたのでは、ひとつの連なりをもった知とはならない。

同じ系統の項目は、名札のある整理ＢＯＸに分別するかのように、ふりわけてノートをつける。各項目ごとの分量が自由になるルーズリーフなら、ノートもつけやすい。あらかじめルーズリーフに表題をつけ、講義や問題集などで得た情報をすぐ、各ＢＯＸにふりわけて記入する。

同じ系統の情報をひとつにまとめておけば、各項目内のそれぞれの情報を関連づけて理解できるうえに、同じ箇所を何度も見ることにもなるので理解が定着する。どこにふりわけるかを考えることは科目の体系を把握することにもつながる。

ルーズリーフによるＢＯＸなら、項目の統合・分割、順序の組みかえも容易に行える。そのような作業が思考を紡ぐ契機となる。

6－5．321　情報は分散させない。脳内のシナプスが如く、常にリンクすることで情報は現実の生の感覚をもつ。

6－5．322　BOXの表題例。英語——be、have、make、getなどの各基本動詞や、will、should、on、of、wh-系の各語、thatなど、重要語法ごとの整理の方が従来の文法別整理より、語の本質に迫れよう。その他の基本語彙・表現は、希望・伝達・判断・仮定・対比などといった意味別にまとめる。
古文－敬語、推量系とそれ以外の各助動詞、接続語、指示語「さ」がらみの連語、語感別の形容詞、作品別文学史的背景など。
現代国語－接続語による論理形式、強調表現、評論文頻出用語、反対語、言語論・東西比較文化論などの教養別基本知識など。また、各文章の要約文を集めたBOXを設けるのも有効であろう。

6－5．323　整理の要諦は未分類のままの「その他スペース」を設けておくことである。そのような余裕をつくらなければ、情報の分類そのものに固執し、本来の意義を見失う危険がある。

6－6　自己の感覚に固執する時、人は誰でも「夢の国の王様」になる危険がある。一方、他者の感覚を判断する有効な言語をもたない時、人は誰でも因果関係という幻覚に酔う危険がある。

6－6．1　この世で最も強力な他者の言語は因果を示す言語である。それは今ある現実を忘れさせ、希望や不安をもつ人の心に導きをもたらす言語である。

6－6．2　しかしながら、一体どんな行為が未来の結果を強制する力をもつというのだろう。みな知っているはずだ。因果にのみ固執し、今ある生の意味を見失い、そして後悔だけが残る生があるのを。今ある可能な事柄よりも未来の可能性のみを追いかけて現実逃避する生が多いのを。

6－7　ここにおいて教育におけるあらゆる問題の根本原理について語ることができよう。

それは教育制度の不備や教える者の力量不足などといったことでもなければ、教わる者をとりまく社会背景などでもない。

「AすればBできる」「AしたからBとなった」「AしたのでBとなるにちがいない」などといった因果を想う言語での思考・判断・行動すること、それがあらゆる問題を生じさせているのである。

あるものの存在や行動は何かのためにあらなければいけないものなのだろうか。何かを成し遂げて初めて認められるものなのだろうか。そしてその何かに直接触れてはいけないものなのだろうか。手段という二次的なものを常に介さないといけないものなのだろうか。

どうして、ことばやその意味へダイレクトにアプローチしないのか。因果を想う言語は今の生の意味を見失わせてしまう。

その最たるものが文法教育である。

6－8　今の生の意味は各個人に帰するのであって、因果関係に束縛され得るものではない。どのような他者の視点にも拘束され得るものではないのである。

6－9　もし、我々の生きる世界が因果関係に支配されているのなら、全ての人生は公式化される。人は個人ではなく、個体となる。
そのような彼らの生には驚きも悲劇も存在しない。緊張も充実感も沸き起こることはない。

6　現実の生の領域において因果関係は存在しない。

6．001　過去の事象・行為と、その後に起きる事柄とは無関係である。予測・期待は起こり得る世界の全事象を把握しているという条件付きの確率論である。
だが人は、己れが全てを知っているかどうかを知ることはできない。

6．002　確率は選択肢をたくさん用意して起こり得る順序にランク付けをするが、明日はひとつしかない。

6.003 ひとつの事柄が現実の生において起こり得るための条件は、人の力で揃えるにはあまりに多すぎる。

6.004 「Aすれば B できる」ということばは有効な言語に含まれない、条件をひとつしか挙げていないからである。
否、そのことを別にしても、Bが起きる条件には人知・人為の及ばないものも多く含まれる。生まれ、性格、身体、過去の経験、未来の偶然、家庭・学校の環境、人との出会いなど。

一体、誰が、実力だけで成功を勝ち得たと言いきれよう。

6.01 因果関係が哲学や自然科学の視点から存在しうるのかどうかは問題ではない。頭の中で用いることばとして有効であるのかどうかが問題なのである。

6.011 因果とは原因と結果であって行為と理由ではない。後者は直接的である。

6.02　因果を想う言語は、今はまだない未来を重視し、未来のための現在という思考を形成する。そのように思考する者は、他者のことばが、己れにとって有意義なのかどうかを判断することができない。なぜなら、今そこに自分自身は居ないからである。

6.1　ことばは今そこにある現実を直視する者にのみ味方する。ことばは感覚記号であるがゆえに、直接、知覚することのできない想像の未来まで保証できない。因果関係に想いを馳せる者に味方するのは、ことばにとっても分が悪い。ことばを裏切り者にするような思考はまずい。

6.101　手段とは、目的の意義を真に理解し得る者が、非常に限定された条件下で、止むを得ず取り組む行為である。

6.11　「勉強もせずに○○していては合格しないぞ」は有効な言語ではない。○○に当たるのは「遊んでいる」を筆頭に「クラブ活動に夢中になる」「文化祭の準備にかまける」など。

今、この瞬間に勉強することと合格することとは関係ない。勉強したところで合格するとは限らない。また、そこから、「確かに合格するとは限らないが、勉強しなければ合格には及ばない」といった物言いは論理的に導けない。

6.111 そのような物言いは、人の生にある事象の多くが偶然の賜り物であることを受け容れられない者が、そうあってほしくないという嫉妬を表明しているにすぎない。

6.112 問われるべきは今この瞬間の生の意味であり、素直な充実感の発露が見られるかどうかである。

ただの現実逃避による「遊び」なら咎められよう。問われるべきは今この瞬間の、遊びが、または勉強が己れの感覚にどれほどの充実と意味を与えてくれるかである。

6.12 「やればできる」は有効な言語ではない。己れの現実を残酷な形で無視した夢想の言語でしかない。

できること、できないことの境界線を現実の中で常に認識している者だけが「できる」領域を拡大させる「可能性」をもつ。

「できるならやっていいよ」「やってできなくても、それなりに楽しめそうなら、やってみたら」なら、有効な言語であろう。

6．121　努力は報われる、というのはひとつの仮説である。

6．13　「努力する」は有効な言語ではない。「努力」は状態であって行為ではない。あることが己れにとって為すべき事柄なら、自然に成される状態、それが「努力」である。

もし「努力」という自然な状態が表れていないのなら、それは己れの能力にとって為すべき事柄が別にあることを示している。

6．131　「努力する」と思う者のほとんどが、「○○にもっと多くの時間を割くべき」

という文脈で「努力」という語を用いているようである。

しかし、忙しい日々を送る現代人なら、仕事の質と時間の多寡は無関係であることを、己れの身に照らせば、よく理解できるはずだ。

6．14　「夢をもつ」は有効な言語ではない。我々には、ある時点において将来を決定する義務などないうえに、その決定と現実になった「将来」との間に因果関係を発見し得ない。そのことは「将来」に至った多くの大人たちならよく知っているはずだ。人は夢などもたなくとも、己れの感覚を見落とさないようにすれば、この瞬間における現実の生を幸福に生きる術を容易に知ることができる。幸福になる瞬間の連続を現実の中に成し遂げようとする者に、「今」や「将来」、「夢」といった概念上の区別は存在しない。ゆえに彼らにとって「夢」はまさに夢であり、あってもなくてもどちらでもよい。

6．141　教える者が夢や目標といった語を口にするのは、進路指導上の語彙の貧しさを隠すための、生徒の思考を拘束する口実であるか、もしくは、自らが成し得なかった、こうでありたかったという青少年期への幻想を生徒に押しつけているかのどちらかである。

6．142 人は、己れが偶然の賜り物を受けとったことを素直には認めたがらない。因果という後付けの解釈はそこに発生する。多くの成功談が自分に当てはまらないのは、そのためである。

6．143 一方で、我々の脳は現実に即した夢を見ることができる。であるなら夢は決して現実の反対語ではない。

6．15 語呂合わせは有効な言語ではない。古文単語・文法、歴史的名辞などに対する語呂合わせは、単に頭文字や語呂という副次的意味を印象づけるにすぎず、語・名辞の本質的な意味に迫るものではない。

こういった皮相な記憶を奨励することはすぐに息があがる頭をつくることにしかならない。音読や書いて覚える、といった発想と同様、意味へ直接触れようとしない方法は、ごく稀に用いるショック療法的なものである。

6.151　発信された情報は、受信側の利のためにあるのではなく、発信側の利のためにある。

語呂合わせを覚えることは、教える側の「語呂をつくる楽しみ」に教わる側がつき合わされているにすぎない。

6.152　説明を無闇にわかりやすくしたり、親しみやすくするのは、現実を歪めることになろう。やはりハードルは、商人が客に値切られ仕方なくギリギリのところで値を付けるように、下げていかねばなるまい。

6.16　「過去問をリハーサルとして受験直前に解く」は有効な言語ではない。対戦相手の真の姿を試合直前まで知らないスポーツ選手がいようか。早い段階で相手のことを知るから対策もたてられる。

夢に夢中になることは不幸への想像力を失わせる。本番間際に初めて相手のことを知り、加えて点数も取れず。これほど残酷なことがあろうか。そうなっては全てが手遅れなのだから。

6．161　優秀な人材だからといって、常に企業からすんなり採用されるとは限らない。相手のことを知り、己れとの距離を測らねばなるまい。相性というものは常につきまとう。

その意味で模試の判定も有効な言語ではない。

6．17　「コツを掴めば点数は取れる」「本文の内容をしっかり掴めば設問は解ける」「数をこなせば慣れる」といった類の有効でない言語は多い。これらは現実に照らせば同意反復であり、何も意味してはいない。

6．18　教える者にとって「点数を取らせる」「合格させる」などの生徒に対する使役文は有効な言語ではない。彼らの実力が上がるのは彼ら自身の力であって、教える者のおかげではない。

6.181　理解という行為の本質を思えば、人は誰かに何かを理解させることなど本当は不可能であることを知る。教える者ができることは次のことだけである。自身の個人的な意見と断って明確に道を示すこと。それを理解しようとする者のために同じことを何度も言う忍耐力をもつこと。教わる者たちが自身の本質に目覚めてくれるよう祈ること。

6.182　よって、わかる・わからないについては全く教わる者の責任である。理解は等しくひとりきりの行為であり、それは個人の責務である。

6.19　他人の「AしたらBできた」といった成功談は、単に偶然に起きたA・Bという二つの出来事を語っているにすぎない。それは少なくとも自身の現実とは無縁のことばであり、有効な言語ではない。

6.191　自己目的的行為の連続、その中の二点が見方によっては手段と目的の関係に捉えられないことはない。が、それ以上のものではない。

6.2 悲しみの根源は自己の生を手段の時と目的の時とに区分したことにある。その視点はひとつひとつの瞬間の生に価値を見つけられない。

6.21 我々の生は偶然の賜り物によって成り立っている。明日の偶然のために今日の意義を失うといった生は、現実には有り得ない。だが人は、その有り得ない生を生きようとしている。

6.3 誰かが認めたがゆえに別の人が認めなくてはならぬといった価値は存在しない。存在するのは価値観である。

6.31 己れの性質に依存しない価値判断は無意味である。

6.311 世界に、正しい・誤り、良し・悪しといった事物・事態は存在しない。

6.3111　よって、正しい手段・方法といったものは存在しない。

6.3112　だから、運という単語が事態の説明や弁解、そして慰めとなる。

6.312　「成功」という価値は未来に存在しない。成功は常に現在の己れの内に存在し、そこでは自覚だけが問われる。世にいう「成功」は成功の連続の終わりを意味しているにすぎない。

6.3121　「成功」にまつわる因果は美化された物語でしかない。偶然の連続に対して語り得る理論はない。

6.313　この瞬間、己れができることに夢中になる。それも一つの価値観ではないか。ただ単にやりたいこと、好きなことというだけで、今はできないことに夢中になる、それよりは能率的であろう。

6．3131　人は「楽」にのみ充実を覚える生物ではない。だから瞬間の生の価値に信頼を置くことができる。

6．32　人には直すべき欠点など存在しない。自身に宿る性質には必ず二面性がある。その性質が己れを価値ある者とする世界を選択しなければなるまい。

6．321　人が何らかの性格・才能をもったことと育った環境に因果関係は存在しない。ただその環境が、人がもつ力の伸展を助長したり、妨害したりすることはある。

6．322　人にもし欠点があるとすれば、それは「欠点」と呼ばれる性質を裏返して使える世界に生きようとしないことであろう。

6．33　人が聞くことばの中で、根拠を別に求めたり、自身との相性を考えたりする必要のないことばなど存在しない。

6.331　周囲の人々が全くバラバラの助言を行う時、あなたは非常に健全な環境に身を置いていると言える。

6.3311　迷いは、理解や基本姿勢の確立の、そして創造性を養うための必須のプロセスである。
混乱はあえて与え、甘んじて受けるものなのである。

6.3312　「皆がそう言うのだから」の「そう」の指す内容は平均的な意見であることを意味しているにすぎない。それはあなたにとって特に優れた意見というわけではない。

6.332　基本と応用は時に矛盾する。

6.333　成長、発展、首尾一貫を良しとする発想も、ひとつの価値観でしかない。

6.34　本来、言語科目は、あらゆる価値観の絶対性を否定し、様々な感覚に直接触れることに、その意義があるのである。

6.341　追究すべきは正しい日本語、正しい英語ではないし、そのようなものは存在しない。

追究すべきは現実の生に直結する、己れの思考・判断・行動のための有効な言語である。

6.342　因果を想う心から文法学習がプログラミングされた。その発想自体が結果的に有効な言語の構築の妨げとなっている。

しかし、文法本来の性質を考えると、これは文法にとっても悲しいことである。

6.35　ある事柄について、肯定・否定のどちらか一方でなくてはならぬといった強制は存在しない。

Aであるか否か。本当はどちらでもよい。判断はその瞬間の生の充実に宿る。

6.4　判断には味がある。うまいものもあれば、まずいものもある。甘いものもあれば、苦いものもある。

さて、判断は何を素材として調理されるのか。それは自由意志。自分の判断が正しいのかどうかを思うのではなく、自分が判断した、ということが正しいのだと思い続ける時、飢えは満たされていく。

6.41　判断そのものに、誤りというものは存在しない。因果関係が人為の領域でない以上、どのような結果に至ろうとも判断そのものの質とは無縁である。

6.411　誤った判断と言い切れるものはあるだろうか。その判断が己れの言語で成されていなければ、また、この瞬間の意義を見失うようなものであれば、そう言い切れるかもしれない。

6.42　しかしながら、正真正銘の愚かな判断は存在する。それは文法学習や単語テストの効果について、疑わしい、あるいは明確に効果がない、そして何より自分の実体験に合わないと感じながら、それ以上何も考えず、消極的にそれらを受け入れる判断である。特に教わる側がそう判断する一方で不満や批判を口にするのは、文法学習・単語帳の丸暗記と読解力・語学力との因果関係を本気で信じるよりも、否、それとは比較にならないほど、愚かな行為である。

6.43　しかしながら、文法学習や単語帳丸暗記に取り組むべきかどうかは、実際のところ、どちらでもよい。

様々な感覚の有りさまを知ろうとする者、既成の価値観に束縛されない者、現実の感覚に直結した有効な言語でこの瞬間の生の意味を見出だそうとする者。そのような者たちは、たとえ世間並みの通りに、文法・単語テスト・公式丸暗記・語呂合わせ等を行ったとしても、それらを有効なものとするだろう。

己れの思考・判断・行動に自身の責務を感ずる者は、文法教育とは無関係に有効な言語を築き、それに依って生徒に教え、あるいは先生から教わることができる。

6.44　ここで語られていることは、読者が自身の力で考えるための、ひとつの材料である。そして自身の頭にある言語を、己れのかけがえのない友とする契機でもある。

6.45　本書の最も重要な意義は、ここにあることばの意味するところには存在しない。その意義は、本書自身のことばを示したこと、そのものにある。

6.5　おそらく人が果たすべき責務はひとつしかない。それは己れの才能に対する責務。そしてこれが、最も身近にあって受け入れるべき現実である。

6.51　自身の有効な言語が責務を推進する力となる。

6.52　我々のできることは、ほんのわずかしかない。多くの者はそのことに気付いている。ゆえに、そのわずかにできることから多くの実りを得るため、様々な因果関係に思いを馳せ、為すべきことは何なのかに迷い苦しむ。手段と目的を分け、その手段を遂行することに酔いながら依然として目的を果たすことに囚《とら》われ、いま行っていることに意義を認められず、苛立ちを募らせる。

一方、未来が人為の及ぶ領域でないことをはっきり知る者は、この瞬間の意義のみを已れの現実的な感覚に問う。苦であれ、楽であれ、今この一瞬に充実を感じるのなら、どのような行為をとってもよい。感覚が今とっている行為に同意を与えないのなら、それを放棄し、有効な言語によって自身の責務を問わねばなるまい。このことは無論、学習法ばかりでなく、進学や職務そのものなど、全てについて言えることである。

客観的には、本当に大切なこと・行うべきことなど存在しないのだから、何も気にかける必要はない。ただ已れの言語によって思考・判断・行動するだけでよい。できないことを思い悩むのではなく、ただできることだけを行えばよい。それがどのような結果に至るのか。それは、それぞれの瞬間の生のみを全うするものにとって重要な事柄ではない。

明日も手足は動くであろうか。目や耳は世界を捉えるであろうか。ある日、突然、体の働きを失う人が現実にいる。いや、そうでなくとも失うことは生の必須である。

あなたは夢の中で見るかもしれない。昨日と同じ今日が己れの身に来なかったことを。その時、あなたは身震いするのではないのか。

もし、朝、目覚めて、五体と五感が働くのなら、今日を生ききるべし。

教える者であれ、教わる者であれ、以上のことについて真摯に考えるのなら、己れの現実の生の感覚と、今行っていることに整合性があるかどうかを思うべきであろう。己れの感覚に対して怠惰になっていないかどうかを問うべきであろう。

全てのこだわりから解放され、己れの才能に準じ、今この一瞬の生を幸福に生きよ。これが本書の根本思想である。

6.53 己れにとって有効な言語とはいかなるものか。そのことを自身のことばで考える時、その本性に宿る無限が姿を表す。奇跡と呼ばれる現象は、このような時に生じるのかもしれない。

6.54 人々は輪に沿って踊り、その中心にある火を恐れて近付こうとはしなかった。だが、そろそろ、その火を用いることを思い出さなくてはいけない。

手を伸ばし、その熱を肌で感じる時、言語の神秘はまさに、そこにある。

∞　**有効な言語によって思考しなければならない。**

二〇〇三年八月三十一日

細則

細則では、古文についての若干の指針を示す。また講義用のテキスト例を載せておく。これについてはいくつかの注釈を付すが、紙幅の都合上、詳細な解説は省略してある。教える者には、他の文法書と比較検討し、ここにある記述の根拠を見出だし、さらなる改良を試されんことを望む。教わる者にとっては言葉足らずに思えようが、この簡潔さは筆者の思いを直接受けとる学習が最重要であることを示している。そのために必要な国語学的知識はわずかであり、一冊の本にするほどのものではない。そこのところを感得していただければ十分。

ここからは教える者を対象の中心として述べる。以下の指針の根拠は「論考」本文にて既に示してあるので繰り返し述べない。

英語以上に文法の弊害が大きい古文。それは学習の最初期に活用を暗記させるところによく表れている。滞りなく古文を読める学生たち相手ならそれもよい。だが現状の大半はそういうところになく、よってまずはこれら一連の文法理論解説及び暗記作業を排除しなければならない。

全ての解説は古文読解のためにあらなければならない。何段活用何形といった直接読解に関わらない項目よりも、古代人の本質に迫るような事柄を先に伝えるべきである。例えば、

・古文は墨と筆でもって当時稀少な紙に書かれているという事実。その物理的制約が筆者の心理に、文体やその内容にどのような影響を与えるか。古文には句読点や会話文を示す鉤かっこ、段落もなく、一気に書き下ろされている。文の切れ目となる終止形も、その扱い方は現代のそれと随分異なる。ということは、ひとつの文のまとまりというものについても我々とは違った概念をもっているということ。

・人物名に対する感覚。現代にも通ずる諱《いみな》に対する忌避感。姓の少なさ。呼称のつけ方。特に場所を示す名との関係。なぜ彼女たちは清少納言、紫式部と呼ばれるのか。人物名に対する神経のつかいようは敬語法にも影響があるので最初期の学習で触れた方がよい。

・生活様式とそれに基づく価値観。我々が和風と呼ぶものの原型は一四〇〇年代後半の東山文化以降に成立したものがほとんど。平安期は全くの別世界であり、建物内部のどれをとっても和風とは趣を異にする。この辺りの絵が頭になければ作中人物の動き

や心情が把握しづらい。また婚姻や位階の昇進に対する価値観及びよくある風景、季節の草花やそこから連想されるもの等、伝えるべきことは多い。
・主要作品の内容や表現上の特徴。芸術の歴史というのは偉大なる作品の模倣・折衷・改編・復古の歴史といってよい。主要作品を知ることは古文の世界全体を知ること、受験的にはストーリーのパターンを知ること。つまり、きちんとした訳出をしながら読みすすめなくとも、また全てを読まなくとも話の中身がわかるということ。どんな時代にも流行はある。現代のサスペンスドラマをもち出すまでもなく、話の筋や言い回しのパターンは限られている。特に恋愛もの、和歌がらみ、仏教説話などはヴァリエーションもそう多くはないので意識しておく。

これらは一般に古典常識と呼ばれる分野で文法や単語に比べて軽視されがちである。それはおそらく古文そのものにはあまり出ない特殊用語を覚える分野だという認識があるからであろう。しかし今見た通り、この分野は単語以上に古文の内容に直接肉迫するものであり、入試問題での問われ方を見ても、古典常識を優先的に学んだ方が能率がよい。

古文と一口にいっても九〇〇年頃成立の『竹取物語』から近世末まで九百年以上の開きがある。各時代の特徴を知るのも古典常識の学習のひとつであろう。

古文単語については論考本文を参照してもらいたい。古典常識が頭にあれば単語の感覚もイメージしやすくなるということをここではつけ加えておく。

教育現場における古文という科目は日本史とともに、この国の民の感性と思考法そして伝統美を伝えることに完全に失敗している。受験対策を兼ねながらでもそれは可能なのだが、言葉では明瞭に説明し難い感覚・価値観の解説は労を惜しまれがち。文法やデジタルな単語の意味などに比べ、覚えろという命令形が使えず、しかも視覚的に説明するという技術を要するからであろう。厄介なことではあるが、教える者は古典常識を端緒に、ことばに宿る他者の思いを語る責務を身に刻んでほしい。

以上のことを念頭に、読解中心の学習を行う。文法という概念は後からほんの少しだけ取り組めばよい。

以下のテキスト例は論考本文の基本姿勢と方法論に基づいている。よって言語原則と語法に大別され、用いられる文法用語は最小限に留められている。学生に示すコンセプトタイトルは「読解のための古典文法」でよかろうが、実際には文法と呼ばれる領域の解体作業である。講義用であり、公式集に近い性格もあるので、説明文は簡潔なものにしてある。もしこれをそのまま講義に使用するなら、ことばを足す必要はあるが、そう多くは要らないはずだ。

先述の古代日本語の文体・感覚の基本的な特徴を述べた後、すぐにその言語原則を講義する。

Ⅰ．古典文の構造

「〜述語　＋　接続助詞〜」

を意味単位として多用する。

＊述語＝動詞・形容詞・名詞＋なり

▽心中文・会話文の構成

人物を示す名詞
接続助詞
いはく・いふやう
心に

｝「　　」｛と／とて／など｝（言ふ・思ふ）

〈接続助詞〉

～古文の意味のまとまりを把握する目安となる助詞。もっとも最初にマスターしなければならない単語群。

ど・ども・ものから
ものの・ものゆゑ　｝＝逆接
ながら

とも＝『～しても』

＊「ながら」は、二つの動作・状態が同時に行われる（続けられる）ことを表したり、同時に行われる二つのことが矛盾するような心持ちを表す。訳は逆接の他に『～のままで』『～しながら』

て＝一人の動作主の、二つの述語を接続する助詞。『～して』
で＝打消。『～しないで』
ば＝「順接」ならばどのような訳し方でもOK。
に・を＝「順接」「逆接」含めて、どのような訳し方でもOK。

Ⅱ．敬語法

「AがBに（を）Vする」という意味を表す次の古文において、

A ←　B ←　V〔謙譲語〕（→B）〔尊敬語〕（→A）

〔謙譲語〕はBを、〔尊敬語〕はAを、この文の発話者（筆者または会話主）が意識し、敬意を表す語。

「AがBに『～』と言う」という意味を表す次の古文において、

A　B「～V〔丁寧語〕」と言ふ

〔丁寧語〕は、B（聞き手）を、A（語り手）が意識し、敬意を表す語。

＊丁寧語は「はべり」・「さぶらふ」・下二段活用の「たまふ」の三語のみ。

▽・敬語動詞＝通常動詞に代わって用いる語。従って意味をもつ。
・敬語補助動詞＝通常動詞の連用形につけて用いる語。従って意味をもたず、敬意のみを表す。

▽二重尊敬（最高敬語）
筆者が特に敬意を表したい人物（動作主）に対して敬意を表す用法。尊敬語を二つ重ねて用いる。特に次の形が多用される。

～V＋「せ」・「させ」＋尊敬補助動詞

＊「せ」・「させ」＝使役・尊敬の助動詞「す」「さす」の連用形。
したがって右の文型だからといって必ずしも「せ」・「させ」が尊敬の意味を表すとは限らない。
『AがBにVなさる』という意味なのか、『AがBにVさせる』という意味なのかを見極める必要がある。

注釈を付す。このテキストでは、いくつかの一般的な文法用語をそのまま用いた。講義の流れの中でさらに、用語の省略は可能なので努めてもらいたい。

中心要素はそのまま述語と記した。意味のまとまりの認識は最初期の学習において最も強調すべき事柄。句点やピリオドで一つのまとまった内容を把握する現代人との感覚の相違を意識させる。形容動詞という品詞名は統語論的には無意味なので省いた。ここで必ず、名詞は助詞を伴わなくとも直接述語に係ることを強調しておいてほしい。なお、これは英文法の影響であろうが、古文・現代文を通じて日本語に主語という概念のないことはあまり知られていない。無論、目的語もなく、したがって主語・目的語の省略という概念もない。「が」は他の格助詞「に」「を」と同じく内容的に修飾語句として必要なら付け足すだけのこと。ましてや「は」は格助詞ではない。

大体、省略されている主語は誰かと考えるよりも、普通に古文の内容を頭の中でイメージする癖をつけさせておけば、このような考え方は不必要。そのイメージのためにも古典常識が必要。これは我々が日常の言語に触れる中で普通に行ってきていることだ。想像力を養うような、もっと視覚的な解説が不可欠であろう。

心中及び会話文については、現代語と異なる引用文を表す助詞について述べてほしい。さらに今一度、古文に鉤かっこは元々ないことを伝えてほしい。後は「言ふ」「思ふ」という語を現代人ほど使わない、ということぐらい。

接続助詞、つまり、つなぎの語は「さるは」「されば」などの指示副詞「さ」「かく」「しか」の連語とともにノートの同じところにまとめさせる。文の流れをつくるこれらつなぎの語はいくら触れてもすぎることのない重要事項。テキストには逆接と対比する便宜上、順接の語を用いた。が、要は「ば」は単に場面の展開を表す語。そもそも古文の時代に順接・逆接の概念はなく、語によるこれらの区別はない。「ば」「に」「を」についてはぜひとも古語辞典を見てほしい。詳述しないが、そこには驚くべきことが書かれてある。それを見ればこの三語の意味・用法に神経質になる必要のないことが知られよう。

敬語法について。まず古文において、敬語は実質的に代名詞の役割を果たしていることを強調しておく。無論、敬意も表すが、家格官位の上下に関わらず用いられているので、敬意というよりひとりの人として意識しているといった感覚。さらに言うなら、作中人物の誰にでも使う、濫発されているといった感がある。正直、敬語を意識することが、古文を読解することの大きな手掛かりになるとは言えず、人称代名詞以上の意義は考えられない。反面、人称代名詞の役を担うがゆえに、言語原則ともいえる。学生には、敬語法は最初期に学ぶ基本項目であるが、多くの時間を費やすほど重要項目ではないことを伝える。

テキストにある敬語法の基本パターンを説明する際、現代語の敬語との相違点を確認してほしい（「AがP。」という現代文の場合、A＝発話者よりも格が上と認める人物、の時、P＝尊敬語。A＝発話者自身、つまり私、または私の身内で、Aは格が下であると表現する時、P＝謙譲語。ということは二者ないし一者で敬語の有無・種類を決めるが、古文は筆者、Aが、Bに、の各々にあたる人物、計三者で決められることがあるということ）。丁寧語は他の敬語と違い、代名詞を兼ねない。下二段の「たまふ」は会話文で用いられ、常に「私が」という主格を意識していることだけ触れておけばよい。文法信奉者はこの「たまふ」について多くを語りたがるが、丁寧語として扱っておけば事足りる。使用頻度が少ないのに、これを謙譲の補助動詞と紹介して余計な混乱を起こしても学生の益にはならない。

よく、この敬語は誰の誰に対する敬意を表しているか、といった出題がある。このテキストに従えば、誰に対して、という問いは「AがBにVする」のA・Bに該当する人物を、英語風に言うと主語・目的語を答えよ、ということになる。これなどは典型的な「文法問題のふりをした読解問題」といえよう。無論、このような出題はほとんどの場合、A・Bの人物名がその文に表記されていない時に為される。敬語は多くの場合に代名詞の役割を兼ねるとは、このような事態をいう。指し示す人物が誰なのかを教えてくれるのは文脈であって文法ではないことを再び強調しておこう。

敬語の動詞・補助動詞に関しては、テキスト内の説明にある「代わって」「付けて」というところを意識させればよい。その区別も、「代わ」る敬語動詞がない時に敬語を「付けて」いく、といった程度で認識させておけば、これらの用語もいずれ不要となる。但し、初級者は混乱しやすいところなので例文を用いた解説は欠かせない。

A、Bに言ふ。
A、Bにのたまふ。
A、Bに申す。
A、Bに申し給ふ。

A、Bを見る。
A、Bを見給ふ。
A、Bを見奉る。
A、Bを見奉り給ふ。

といった各パターンを提示すればよかろう。

二重尊敬では、なぜ、もともと使役を意味する助動詞がこの形の時だけ尊敬を表すことが可能となるのか、を伝えるべきである。二重尊敬の対象となるような皇族などの本当に身分が最上級の人たちは、自分ではほとんど動かない。声をかける、衣を身につける、何をするにしても人を使役する。だから使役の助動詞が用いられる。何のいわれもなく使役が尊敬になったりしない。否、使役・尊敬という二つの意味があるわけではない。このような解説は自発・受身・尊敬・可能の「る」「らる」にも行える。語の本質、つまりフィット感覚やその感覚の伸縮を伝えてほしい。

次の語法のテキストはあくまで辞書代わりとして用いられる。が、以下のように読解に直接関わる事柄に限ってあるので、順序立てて講義を行っても多くの時間が割かれることはあるまい。

Ⅲ．注意すべき心情表現

直訳だけではなく、裏に隠された筆者や登場人物の心情をも汲み取らなければならない表現を列挙する。

【1．反実仮想】
～英語の仮定法と同じ。

A ｛ましか／せ／未然形｝ ば B まし。

『もしAならばBだろうに』
(しかし実際はAではない。したがってBも起こり得ない)

＊Bまし、の部分はよく省略される。

▽仮定表現として訳すことのできる古文の表現
　未然形＋接続助詞「ば」
　接続助詞「とも」(＝『たとえ〜ても』)

形容詞正活用の連用形語尾「〜く」
打消の助動詞正活用の連用形「ず」
推量の助動詞「む」
＋ 係助詞「は」

【2. 対比】
〜副助詞「だに」の語法。文法的意味としては、①＝類推、②最小限願望と呼ばれる。

① A だに X (ましてBはX)
『AでさえX』
(ましてBならXで当然だ)

② A だに 〜〔願望・命令などを表す語〕
『せめてAだけでも〜』
(本当はA以上のものを求めているが……)

【3. 係助詞】

① もぞ・もこそ＝筆者・話者の不安や懸念を表す。直訳の後に『〜したらどうしよう／困る／大変だ／心配だ』などの訳をつけ足す。

② や・か（やは・かは）＝文脈によって反語で訳すことがある。反語とは、疑問文の形をとりながら相手の返事を求めるのではなく、発話者の強い否定の気持ちを表す表現。『〜だろうか、いや〜でない』

Ⅳ．付属語

〈助動詞〉

〜助動詞・助詞といえども一単語である。従って語感を①に示した。また現代語で対応する付属語を②に示した。また必要に応じていわゆる「文法的意味」を（　）内に示した。

ず　①打消　②ない・ぬ

む　①単純に事実として確定・確認していないものを推量
べし　①話者の主観に基づく推量
けむ　①過去推量
らむ　①現在における視覚外の事柄を推量
めり　①視覚推量
なり（伝聞推定）　①聴覚推量
むず　①＝「む」
まし（反実仮想／ためらいの意志）→Ⅲ．の1

（以上）②　う・よう／そうだ／ようだ／らしい／べきだ

じ ①「む」の打消推量
まじ ①「べし」の打消推量 ②まい

つ
ぬ ①完了
たり
り ①動作・状態・結果の存続・完了
き ①過去
けり ①回想する過去
②た

なり（断定） ②だ
ごとし ②ようだ

す・さす ②せる・させる
る・らる ②れる・られる
＊自発の「る」「らる」＝直前に心情を表す単語がくる（例・思ふ、泣く、心～、知る）。『自然と、思わず～する』と訳すことが多い。

まほし
たし ②たい・たがる

〈終助詞〉

～文末に使われる助詞。従って他の助詞よりも助動詞に近い。また、終助詞のほとんどが「まほし」「たし」と同じく、願望の意味を表す。

もがな・てしがな・にしがな＝『～があればなあ』『～であればなあ』『～たいものだ』

なむ＝『〜してほしい』他者への願望を表す。次の「ばや」の対比語。
ばや＝『〜したい』自分の動作の実現を希望。

な・そ＝禁止を表す。

〈格助詞〉

の　〜現代語と同じ用法（主格『が』、連体修飾『の』、体言代用『のもの』）に加えて、同格（＝『で』）・連用修飾（＝『のように』、和歌の修辞法である序詞で用いられる）の用法あり。

＊同格は、一つの名詞に対し二つの修飾語句がある時に用いられる用法。
修飾語句A＋名詞a＋の＋修飾語句B（名詞aの省略）〜
＝連体形

より　〜ほぼ現代語と同じ意味（『〜から』『〜を通って』）に加えて、手段（＝『〜で』）や、即時（＝『〜するとすぐに』）を表す。

にて＝『〜で』『〜として』

名詞a（＋を）＋形容詞の語幹b＋み＝原因・理由を表す。『aがbので』　＊「み」は接尾辞。

〈副助詞〉

だに・すら→Ⅲ．の2
さへ＝添加『〜までも』
ばかり＝程度『〜ぐらい』・限定『〜だけ』
し＝強意

▽「し」の同音異義語
①過去の助動詞「き」の連体形
②サ変動詞「す」の連用形

ここもごく簡単にコメントしておく。日本語で多用される言外の含みをⅢのようにまとめておくのは重要である。和歌などに代表される含みをもつ表現は当然ながらその含みを認識しないといけない。その辺りを日本人の気質と絡めながら解説してほしい。

反実仮想はあくまで「AもBも現実ではない」ということを強調するための表現であって仮定ではない。古文では推論のための仮定という概念が希薄である。これは現代日本語で活用に仮定形があり、しかもどの語も形の上で他の活用形と重ならないこととは対照的である。参考までに仮定表現と目されるもののリストを付したが、これらはあくまで仮定の訳も可能ということであって常にそう訳すのではない。つまり仮定の意味はない。未然形も推量も結局は、現在それは事実でないよと述べているにすぎない。

「だに」は①②ともに二つの事態の対比である。より重要な方をあえて表現しない、最も言いたいことを言わずに相手に推察させるという、日本人お得意の表現であることを強調する。

助動詞について。語の意味の根はひとつなので、それを①語感として表記した。また、発音は違うが意味的にほぼ現代の助動詞と対応する場合はあえて②だけを表記した。このようなまとめ方をすることになった考え方は本書全体の中でも非常に重要なところなので、今一度論考本文の内容を確認してほしい。

文末表現で文章全体の意味が決定される日本語において、その文末表現を担う助動詞は重要な位置を占めている。かといって、その重要性を強調するあまり、文法的意味・用法の識別といった余計なコストをかけてはならない。相手に合わせる、意味の幅や伸縮を把握するといった姿勢を貫けば、そして何より、これらの語は彼らが日常的に用いた語であることを思えば、助動詞の学習はそんなにも多くのまとまった時間を必要とはしないということが理解できるはず。テキスト例の中で本当に注意する必要があるのは、現代語との感覚のズレが目立つ一連の推量系の助動詞であろう。それとて、「む」「べし」の最重要コンビを中心に、その打消である「じ」「まじ」、「らむ」と「けむ」、「めり」と「なり」、ともに「む」と意味が近い「まし」「むず」というように各コンビで概念を対比させれば、それほど把握は困難ではあるまい。「む」は単純な推量ゆえに意味の幅が広い。それを逆手にとれば、文脈に応じて何とでも訳してよいということなので、意味の核心さえ知っておけばそれほど神経質になることもない。「べし」は「む」に主観という要素が入るので、『それは当然の如く真実となるはずだ』といった強い意味になる。「べし」は主観ゆえに英語の助動詞全てに当たる意味を含んでいるともいえる。この「べし」とは反対に、「む」の意味を弱くしたもの、確定の度合いがかなり遠ざかった意味を表すのが「まし」。ゆえに反事実やためらいを意味することになる。「らむ」は少々わかりづらいが要は『〜しているだろう』『〜していたのだろう』という意味。古文は時制の概念が希薄なので、目には見えない現在進行している事柄も、目には見えない過去の事柄も、ひとつの単語でまかなってしまうのである。なお、テキストでは省略した助動詞「らし」は「らむ」の古語と考えてよい。

助詞も助動詞と同様、あくまでひとつの単語としてその語感をおさえていく。接続助詞はIの項を参照。接続助詞は句点のように意味のまとまりをつくるものとして多用されるので、言語原則として扱うべき別格の存在。これを除けば助詞は案外簡単。即ち、格助詞は少し意味の幅が広いだけで現代語とほとんど語感は同じ。終助詞は願望と禁止という二つの概念だけでまとまってしまう。後は「だに」「さへ」といった文脈をつくる数個の副助詞に気をつけるのみ。

テキスト例を見ての通り、文法用語でもその一用語で語の意味が容易に把握できるのなら用いるべきだろう。使えるものは使う。要は、何でもかんでも文法用語で把握しようとしなければよい。「む」「べし」などはその意味を五つも六つもある「文法的意味」で覚えても何の役にも立たない。それが現実的に使えるかどうか常に検討して指導すべきであろう。第一「文法的意味」という現代人の用語をどこにでもおしつけるのは言語学習の本来の意義から大きく道を外している。意味と訳語とは別物であることを今一度強調しておこう。

語法として為すべきことは残すところ活用についてであろう。無論、何行何段活用何形かを認識をするといったことではなく、「ざる」と「ず」が同じ単語であるといった、あくまで語の認識についての学習といった意味である。

《助動詞の認識》

活用による分類

活用型	助動詞	未然	連用	終止	連体	已然	命令
ラ変	・[り]・け[り]・た[り] ・め[り]・な[り]	[ら]	[り]	[り]	[る]	[れ]	[れ]
形容詞	・べ[し]・た[し]・ごと[し]		[く]	[し]	[き]	[けれ]	―
	［シク活用］・ま[じ]・まほ[し]	[から]	[かり]		[かる]		
下二段	・[る]・ら[る] ・[す]・さ[す]・し[む] ・[つ]・む[ず]	[e]	[e]	[u]	[u]る	[u]れ	[e]よ
四段	・[む]・ら[む]・け[む]	―	―	[む]	[む]	[め]	―
ナ変	・ぬ	な	に	ぬ	ぬる	ぬれ	ね
特殊	・ず	ざら	ず ざり	ず	ぬ ざる	ね ざれ	ざれ
	・き	―	―	き	し	しか	―
	・まし	ましか ませ	―	まし	まし	ましか	―
	・じ・らし	無変化					

※断定「なり」の連用形は、形容動詞と同じく「なり」と「に」

これについて注釈は不要であろう。こうまとめれば例の助動詞の表もシンプルなものとなる。その表にある「接続」については省略した。古文という科目には英作文に相当する作業は求められない。ごく一部で、活用させることが入試で問われるとはいえ、全体的に「この語は未然形接続だ」といった認識はあまり役に立たない。いわゆる文法識別が接続を覚える理由とされるが、次項で見る通りほとんどこの知識は使えない。

おそらく古典文法を教える最大の真面目な理由は文法識別問題への対策であろう。用言の活用を暗記させることから始まる文法学習の終着点がここになろう。このゴールを無意味なものと認識すれば文法学習の全行程が破棄され、言語原則だけが残る。破棄された行程は読解中心の学習の中で、ひとつひとつ押さえていくただの単語とその語法として生まれ変わる。各語の本来の意味が浮き彫りとなり、筆者の意図や読者の教養へと還元されていく。言語学習の本来の形を取り戻すには文法識別に関する既成概念を破壊しなければならない。これはあるべき位置に復する文法自身のためにもなる。

いわゆる文法識別問題はよく見ると次の二つに大別される。

・用法識別　べし、らる、の、か、きこゆ等

・同音異義語の識別　なむ、なり、に、し等

まず用法識別は「あるひとつの単語の使いわけ」を識別する。よって当然だが、どの用法で用いようとも活用、接続その他あらゆる文法的特徴は同じ、というより元からひとつである。ということは文法という語の意味以外の何かを使って用法を識別することは不可能なのだ。解釈といってても文脈といってもよいが、とにかく意味をとらなければこの類の識別はできない。当たり前であろう。ひとつの単語がもつひとつの意味の幅や伸縮、そこのどの部分か、微妙なところを尋ねているわけだから、各文脈に適合する意味しか、識別の根拠はない。無論、用法ごとの文脈上の特徴はある。特に特定の語句との組み合わせで用法が決定される場合である。が、それは語の意味を成り立たせる語の整合性の次元の話、つまり語法である。意味以外の何か、文法用語による認識は必要としない。純粋に読解力でしか識別できないなら、用法を問われる単語は他の語以上に単語としての認識ができているかを問われているのである。文法力ではない。

次の識別はまさに「同音異義語」という語で認識せねばなるまい。頭の中で使う語の選択によって事実はいくらでも姿を変える。よく「文法識別」や「紛らわしい語の識別」といった語句で認識されるが、それらは有効な言語とはいえない。この一連の識別は端的に

「たまたま発音が同じだけで全く意味の違う複数の語の識別」であり、「橋」と「端」と「箸」の識別以上のものではない。意味が全く違うから文法による識別が必要なのではなく、不必要なのである。さらに各語について述べるなら、「ぬ」「ね」及び「なり」は実質、二つの語の識別である。次のテキスト例を参照してほしい。つまるところ「ぬ」「ね」の識別は肯定か否定かの識別、「なり」は断定か耳にした情報をもとに行う推定かの識別。意味は正反対。これらが文脈上で識別できなければ、文法よりももっと根本的なところで問題があるのだろうし、識別できなければできないで、どちらでもよいからひとつ当てはめるとよい。それでおかしければもう片方が正しいのだ。「る」「れ」や「らむ」の識別は文法を一切考慮せず発音だけで見分けがつくし、「に」はややこしそうなわりに各語の文脈上のフォーマットがはっきりしている。とにかく文法を云々する前に文脈上で識別する力のないことを問題視してほしい。

よく入試問題で意味用法の一致するものを選ばせる問題がある。「なむ」「なり」「し」の識別などでは品詞の全く違うものや○○の一部といったものが選択肢に紛れている。これらは問題をつくるための傍線を気にせず、普通に文として読む癖さえついていれば全くばかばかしい選択肢である。この種のものまで含めれば「同音異義」はいくらでも生産可能だ。それらを表面上で追い求めれば暗記事項はいくらでも増すが、今まで述べた本質を求める基本姿勢をもってすれば何ほどのこともない。

助動詞・助詞の接続の知識も結局、同音異義語に関わるものだけが使える、いや使う方法もあるというだけだ。その知識がなくとも、純粋な同音異義語のパターンが少ないうえに、各パターンに属する語も当然だが数語しかないのだから、容易に暗記できる各語の意味を当てはめる作業だけで事足りる。それにいわゆる文法公式の類を見ればわかるが、接続などの文法知識をどんなに駆使しても、最後に文脈判断に頼らざるを得ない場合がある。それなら端から真っ当な読解力で識別する訓練をさせた方がよい。

教育現場では識別に関する文法公式を喜々として伝える者たちがいる。それはそれで構わない。が、公式の類は枝葉末節の項目であり、基本が本当にできている上級者が時短のために基本作業を省くためのひとつの目安にすぎないということを心得ておくべきであろう。

以下にテキスト例を挙げる。これはあくまで付録である。①②などで各異義語の文法用語と意味を記した。枠内の丸数字はそれらと対応し、各語の文脈上の特徴を示した。このジャンルは現実の入試問題を見れば、文法用語を書かせるものが一部存在するので、ここでは不本意ながら用語を世間並みに記した。用言の活用や付属語の接続は、多くこの分野で語られるが、このテキストでそれらがあまり役立たないことを実感してほしい。用言の活用も含め、これら文法用語は最後の最後に触れるもの、決して前面に押し立てるようなものではなく、それ以前に学ばせるべき多くのことがあるのを知り、実践してほしい。

《同音異義語の識別》

【1.「ぬ」・「ね」】

「ぬ」① 打消の助動詞「ず」の連体形
②a 完了の助動詞「ぬ」の終止形
②b 完了（強意）の助動詞「ぬ」の終止形

「ね」① 打消の助動詞「ず」の已然形
②a 完了の助動詞「ぬ」の命令形

① ～{ぬ／ね}～ or 係助詞 ～{ぬ。／ね。}
②a ～{ぬ。／ね。}
②b ～ぬ＋推量の助動詞

▽「ぬ」識別の②bのように、完了の助動詞「ぬ」及び「つ」が、あえて意味の矛盾する推量の助動詞を伴って、推量の意味を強める表現をつくることがある（ただ訳出としては、推量の訳

をあたえるだけでよい)。次の「なむ」識別の③も同じ。

【2.「なむ」】

①他者への願望を表す終助詞「なむ」(=『〜してほしい』)
②係助詞「なむ」(訳なし)
③完了(強意)の助動詞「ぬ」の未然形+推量の助動詞「む」の終止形 or 連体形
＊文法問題においては、ナ変活用動詞の未然形語尾「〜な」+推量の助動詞「む」、なども選択肢に使われる。

① a音+なむ。　＊a音＝未然形

② { 名詞 / 「〜く」(=形容詞正活用の連用形語尾) / 「ず」(=打消の助動詞正活用の連用形) } ＋なむ { 〜。　連体形

③ 連用形＋なむ { 〜。

＊①について。無論、a音以外の未然形がこの「なむ」の上にくることもあるが、その時は形式上の判別は不可能。

【3.「なり」】(同.「なら」「なる」「なれ」)

①伝聞・推定の助動詞「なり」(=『〜と聞いている』『〜ようだ』『〜そうだ』『〜らしい』)
②断定の助動詞「なり」

③　四段動詞「成る」～現代語の『なる』と全く同じ用法
＊形容動詞活用語尾～原則的に単語の知識で判断。ただ、「～かなり」「～げなり」という形が多いことは判断の目安になる。

★①はその意味上、使われる場面が限られる（音・声で推定する場面や、うわさをもとに話をする場面）。よって「なり」の識別は原則的には文脈判断。

①　明らかな終止形
　　補助活用の連体形
　　「～ん」（＝撥音便）
　　「～(る)」（＝撥音便の無表記）
　　　　＋　なり

②　名詞・連体形　＋　なり

▽撥音便の公式　＝　ラ変型活用の連体形「～る」＋推量の助動詞
　↓その撥音便形「～ん」＋推量の助動詞
　↓その無表記「～」＋推量の助動詞

【4．「に」】

①　完了の助動詞「ぬ」の連用形
②　断定の助動詞「なり」の連用形
③　格助詞「に」
④　接続助詞「に」
＊形容動詞の連用形語尾～3．「なり」を参照
＊副詞の一部

＊ナ行動詞の一部
＊格助詞「にて」の一部　など

① 連用形＋に＋
- き（助動詞・過去）
- けり（助動詞・過去）
- けむ（助動詞・過去推量）
- たり（助動詞・完了）
- て（接続助詞）→後の▽「にて」の項を参照

②-i に（＋助詞）＋
- あり（補助動詞）
- おはす（補動「あり」の尊敬語）
- 侍り・候ふ（補動「あり」の丁寧語）

＊（＋助詞）＝「て」の場合→後の▽「にて」の項を参照

②-ii に＋係助詞。（結びの省略）

＊その他、「に」の前後にある文節の意味関係が対等になっている時も②と判断。この点で③④と比較。

③ 〜に　述語

④ 〜述語　に　〜述語

▽「にて」の形で①や②のパターンに当てはまっていなければ（または「に」が形容動詞の連用

形語尾でなければ)、一語の格助詞「にて」と判断。

【5.「る」・「れ」】(付・「らむ」)

「る」① 完了の助動詞「り」の連体形
② 受身・自発・尊敬・可能の助動詞「る」の終止形

「れ」① 完了の助動詞「り」の已然形・命令形
② 受身・自発・尊敬・可能の助動詞「る」の未然形・連用形

① e音+(る〜 / れ〜)
② a音+(る〜 / れ〜)

▽e音+らむ=完了の助動詞「り」の未然形+推量の助動詞「む」の終止形 or 連体形
u音+らむ=現在推量の助動詞「らむ」の終止形 or 連体形
*その他に、活用語の未然形語尾+推量の助動詞「む」

用法識別と区別し、○○の一部や品詞の全く違う同音識別を論外とすれば、以上の公式で十分である。当然、用法識別は公式化する必要もない。それは「あはれなり」や「をかし」を辞書にあるたくさんの意味でもって識別する、そのための公式をつくらないのと同じことである。

あらためてテキスト例全体を見渡してほしい。これらを全てつなげても、B4のプリント数枚程度で済む。これに敬語動詞、陳述の副詞、指示副詞の連語の各リストをつけたところで大した分量とはならない。一般に古典文法と呼ばれる領域も所詮この程度である。だからこれを古文へとアプローチするための奇妙なハードルとせず、軽く済ませ、もっと本質的なことを伝えることに尽力してほしい。

本書は古典文法の解説書ではないので、語らなかった部分がどうしても多くなってしまった。しかし、テキスト例の各記述は全て意味があるので考察の材料にしてほしい。もし機会があるなら詳細な解説を行いたい。

また、英文法については稿を改めたい。

弁解

文学の価値は、虚構とはいえ、世界の内なる真実を象徴的描写によってその中へ宿した点にあろう。

真実はことばそのものの中になくとも、それを感じ、考えた者の中に閃く。

であるなら、本書にも救いはある。

ここにあるのは、妄想・戯言を羅列した、どこにもない世界の地図かもしれない。

そうであったとしても構わない。

私はただただ、美しい地図が書きたかったのだ。

Walking The Fine Line Between Sense & Wisdom

Composed by Nao 'Passion Without Heat' Sekiguchi
Published by Bungeisha (2004)
Edited by Mr. Koizumi
Cover Concept by UKQUNT (... and on Foreword)
Cover Photo & Produced by Reo 'On VAIchic Guitar' Sekiguchi

Dedicated To Masa Ushio

Special Thanks To Mr. Sakaba, Mr. Minakata, Mr. Deguchi
Yuko Asatani (on Foreword) & Mrs. Nemoto 'The Shisyo'
Girls Eyes In Vision : Yuka N., Miyuki N., Mariko H. &
Megumi 'MeG' M.
Thanks To Eriko 'erimaro' Sato, Makiko 'MACKY' Sakamoto &
all kids standing by me

文法教育論考 教師と学生のための哲学的言語入門

2004年5月15日　初版第1刷発行

著　者　関口 尚貴
発行者　瓜谷 綱延
発行所　株式会社文芸社
　〒160-0022　東京都新宿区新宿1－10－1
　電話　03-5369-3060（編集）
　　　　03-5369-2299（販売）

印刷所　株式会社ユニックス

ISBN4-8355-7431-1 C0095